中共河北省委党校（河北行政学院）创新工程科研项目成果

韩立红 著

共享视域下的
首都"护城河"
治理研究

中国社会科学出版社

图书在版编目（CIP）数据

共享视域下的首都"护城河"治理研究 / 韩立红著 . —北京：中国社会科学出版社，2022.11
ISBN 978 – 7 – 5227 – 1008 – 2

Ⅰ.①共… Ⅱ.①韩… Ⅲ.①社会管理—研究—河北 Ⅳ.①D672.2

中国版本图书馆 CIP 数据核字（2022）第 214171 号

出 版 人	赵剑英
责任编辑	范晨星
责任校对	王　龙
责任印制	王　超

出　　版	中国社会科学出版社
社　　址	北京鼓楼西大街甲 158 号
邮　　编	100720
网　　址	http://www.csspw.cn
发 行 部	010 – 84083685
门 市 部	010 – 84029450
经　　销	新华书店及其他书店
印　　刷	北京明恒达印务有限公司
装　　订	廊坊市广阳区广增装订厂
版　　次	2022 年 11 月第 1 版
印　　次	2022 年 11 月第 1 次印刷
开　　本	710×1000　1/16
印　　张	8.75
插　　页	2
字　　数	108 千字
定　　价	48.00 元

凡购买中国社会科学出版社图书，如有质量问题请与本社营销中心联系调换
电话：010 – 84083683
版权所有　侵权必究

目 录

序　言 ………………………………………………………（1）

第一章　首都"护城河"治理总论 ……………………（1）
　一　历史与现实中的河北首都"护城河"功能
　　　研究 ……………………………………………（1）
　二　以总体国家安全观指导首都"护城河"治理 ……（14）

第二章　以高政治站位捍卫首都政治安全 …………（25）
　一　准确把握政治"护城河"政治站位 ………………（25）
　二　做践行习近平新时代中国特色社会主义
　　　思想的排头兵 …………………………………（31）
　三　结合河北省情，做好民族宗教工作 ……………（43）

第三章　以经济强省建设助力首都经济持久繁荣安全 ……（48）
　一　打造环首都共同富裕圈 ……………………………（48）
　二　抓住历史机遇，融入首都经济圈 …………………（53）
　三　加快建设现代化经济强省，补齐首都圈经济
　　　短板 ……………………………………………（66）

第四章　以文明河北维护首都文化安全 …………（72）
　　一　筑牢首都意识形态安全防线 …………………（72）
　　二　打造环首都共同富裕文化域 …………………（79）

第五章　以平安河北助力首都社会安全 …………（82）
　　一　杜绝不安全因素流入北京 ……………………（82）
　　二　提升京冀社会治理协作水平 …………………（85）
　　三　建设平安首都圈 ………………………………（90）

第六章　以美丽河北保卫首都生态安全 …………（95）
　　一　生态安全威胁是最具有全球性的非传统安全
　　　　威胁 ……………………………………………（95）
　　二　河北担当生态"护城河"的成就与不足 ………（100）
　　三　打造天蓝地绿水清的美丽河北 ………………（106）
　　四　做好碳排放管理 ………………………………（115）

第七章　加强首都"护城河"治理的协作 ………（118）
　　一　首都"护城河"治理的京冀合作 ………………（118）
　　二　首都"护城河"治理的省际协作 ………………（120）
　　三　河北要在首都"护城河"治理中
　　　　发挥独特而重要作用 …………………………（126）

参考文献 ………………………………………………（130）

后　　记 ………………………………………………（132）

序　言

河北，简称冀，省会石家庄，地处华北，黄河以北，东临渤海，内环京津，西为太行山地，北为燕山山脉，燕山以北为张北高原，其余为河北平原，面积为18.88万平方千米。河北在地理位置上，天然地包裹着首都北京；河北是中华文明的重要发源地之一，具有天然的守土卫国文化传统；河北是党中央"进京赶考"的出发地，是新中国的摇篮，具有天然的红色基因。这是河北担当首都"护城河"三重意义上的考量。

国家安全是民族复兴的根基，社会稳定是国家强盛的前提。首都安全是国家安全的重要组成部分，也是社会稳定的重要前提。本研究从政策解读、理论研究、实践探索、未来设想等多重层面研究首都"护城河"治理，对河北经济社会发展、安全河北建设、首都安全治理具有多重意义。

河北，大河之北，黄河之北，中华民族的母亲河——黄河哺育了河北人民，河北人民以自己的质朴、坚韧拱卫着首都的安全。新时代新形势下，以共同富裕为价值取向，以共享为视角研究首都"护城河"，是为了河北自身更好地发展，更好地担当首都"护城河"的职责。首都安全，事关重大，仅靠河北的"奉献"，首都"护城河"难以持久，河北反而可能成为京津冀发展中的短板与拖累,只有北京与河北共同参与"护城河"治理,才能共建共治、共享共赢。

河北的简称为冀,冀字,本义指鸟的翅膀,后引申为战阵两侧、政治派别、从旁辅佐等意思,冀有期望、渴望、冀求之意,因此,河北也是希望之省,比如,河北自身成为经济强省、美丽河北的渴望,中央对河北的希望,全国对河北的期望。河北也必将不负众望,真正成为一个希望之省。

护城河本意指人工挖掘的围绕城墙的河,在古代为防守用,防止敌人和动物入侵,古代冷兵器战争时代的主要特点是攻城略地,因此,一般有大的城池或军事要地的地方,往往都有护城河,护城河与城墙共同构成城防体系,是重要的军事城防工程。在现当代的中国,首都"护城河"是一个比单纯军事防御意义更广泛的概念,旨在维护首都安全、平安,从而更好地保卫国家政权的稳固。

第一章

首都"护城河"治理总论

河北,是一个特殊的省份,它独特的地理位置、悠久的历史传统决定了它的特殊而重要的功能定位——当好首都"护城河"。河北,以燕山山脉为阻隔,处于一夫当关、万夫莫开的险要地势,由此,这片燕赵热土也孕育了勇于为国家、为民族牺牲奉献的文化传统,自古以来就有"风萧萧兮易水寒,壮士一去兮不复返"这样的"护王护国"的英雄气概。在建设社会主义现代化强国的今天,如何把共建、共享、共同富裕的理念融入首都护城河治理机制当中,实现更高质量的护城河治理,是一项重要而紧迫的任务。

一 历史与现实中的河北首都"护城河"功能研究

河北,自古以来是一个战略要地。它曾经是农耕文明与游牧文明、中原文明与草原文明的分界线,是大河文明与海洋文明的交汇线,自华夏文明诞生之日起,这里就是抵御"以北犯南"外敌的第一线、最前沿,是兵家的战略必争之地,也见证了一代又一代王朝的兴衰更替。公元627年时,唐太宗将黄河下游一带的地区以黄河为界划分为河南道和河北道,河南和河北由此得名。河北这片燕赵热土以自己的厚重、沉稳、坚韧，一直充当着华夏的"北屏障"，甚至有了"任何一个王朝丢了河北就丢了天下"的说法。元、明、清三个大一统王朝执政时期，定都于北京，更是凸显了河北区位的重要性。河北成为维护京师安全的最重要，也是最后一道屏障。反思历史与现实的传统与经验，自觉维护首都安全，对于保持首都安全、安定繁荣，国家长治久安具有重要意义。

（一）继承750年来河北京畿文化传统

自历史的渊源上看，从元朝开始，连续三个统一中央集权的封建王朝定都于北京，河北作为"京畿重地"，在冷兵器时代是都城北京的天然屏障。因此，无论是就中央政府对它的期许而言，还是就其自身的地理位置来说，"拱卫首都安全"历来都是河北承担的重要使命。

1. 元、明、清时期的北京与河北

元朝时期的北京与周边。1271年元朝建立，次年定都大都（今北京），大都成为当时的政治中心，尽管元朝军力强大，无边患问题，但对大都周边地区的管理还是非常重视的，今河北大部分地区，因为在北京周边，所以叫"腹里"地区，归中央中书省直辖，其重要地位不言而喻。

明朝时的北京与河北。明朝灭元之后，初期定都应天府（今南京），当时河北大部为北直隶省。朱棣当燕王时，长期驻守北京，对抗元朝残余的北元势力。燕王朱棣通过"靖难"战争当上皇帝之后，1421年以"天子守国门"之名，迁都顺天府（今北京），改北京为京师，今河北省大部分地区归京师管

辖。当时，直接隶属于京师的地区被称为直隶，直隶对于京师的重要作用不言而喻。

清朝时的北京与直隶。1644年清军入关，定都北京，当时叫京城，主要指紫禁城，如今北京的除皇城外的大部分辖区当时归直隶管辖。清朝时期，北京周边叫直隶省。直隶，是直接隶属于中央之义，是政治地位最高的一个省。八大总督当中，地位最高的是直隶总督，直隶总督位高权重，首要的就是担负着屏卫京师安全的重任。清朝末年，直隶总督的权力更大，影响力也更大了。"咸同以后，督抚尤其是总督之职权普遍扩增，总督中又以直隶总督为最，其比一般督抚增加的最重要的特殊职掌，就是同治九年以后例兼的北洋大臣，所办职事也超出其直隶辖区。"[1] 自此，直隶总督负责办理洋务、外交、编练军队，对中国产生了深远影响。这一点，从曾任直隶总督的曾国藩、李鸿章、荣禄、袁世凯这些著名人物对中国的影响中可见一斑。无论是清朝初年还是末期，直隶总督的首要任务就是保卫京师安全。

2. "护王护国"的文化传统对河北的影响

地理位置的特殊性，孕育了河北地区"风萧萧兮易水寒，壮士一去兮不复返"的悲壮牺牲精神，形成了河北地区"护王保国"的文化传统。但是，在商品经济、市场经济的时代，河北没能及时转变观念，跟上时代的步伐。因而尽管"燕赵之地，自古多慷慨悲歌之士"，但是河北的发展相对落后了。

著名的摇滚歌曲《杀死那个石家庄人》表达的是石家庄人历经磨难、坚贞不屈，追求美好生活的向往。有人形象地讲，

---

[1] 参见杜家骥《清代直隶总督的职掌及其作用》，《人民周刊》2021年6月，第73页。

流行音乐体现的是对生活服了,摇滚是面对生活的不服。而石家庄恰恰是著名的摇滚之都,这在一定意义上,反映了河北人顺而不从、自强不息、坚韧不拔的奋斗精神。

河北以自身的坚韧、坚毅、坚强不理会各种不利因素,而是顽强地奉献、成长、发展。网络上有个短片《石家庄人真的被低估了!》,片中有一段话:"一直以来,石家庄默默承担着历史赋予它的使命。动荡时期,它是国家走向稳定的基石,和平年代它又成为国家后勤的保障,国泰民安时,为顾全大局,它心甘情愿退后,忧患来临时,它又能瞬间爆发,创造出一个又一个中国速度。"这里的石家庄可以说是缩小的、具体的河北。"任何一个王朝丢了河北就丢了天下",这是广泛流传的一种说法。新中国成立至今的 70 多年以来,河北一直与共和国命运与共、息息相关。战争年代的苦、建设年代的累、转型时期的痛、肩负首都"护城河"重任的光荣与辛劳、新时代的喜悦与快乐,它都经历了,而且这些苦痛,河北都是最直接、最前线的体会者。

改革开放 40 多年来,河北省在生产、生活、政治、经济等方方面面都取得了日新月异的发展,尤其是党的十八大以来,从城市到农村,更是出现了很多令人欣喜的变化。随着经济的不断发展,老百姓日子过得越来越好,城市和农村的面貌焕然一新,但是,在经济发展、社会民生、生产生活、生态环保等方面还依然存在着不少矛盾和问题,比如在群众就业、教育、医疗、居住、养老等方面存在不少难题,而且,河北经济转型迟、企业升级慢、污染严重效益差,不能满足河北人民对美好生活的需要,不能满足承接非首都功能的需要,是建设高质量"护城河"工程必须思考的问题。

（二）总结新中国成立后河北担当首都护城河的经验

河北平山西柏坡是我们党解放战争时期的最后一个农村指挥所，河北由此被誉为"新中国的摇篮"。1947年河北省会石家庄率先解放。1949年1月15日，天津被攻克，1月31日，北平和平解放，平津战役结束，河北全境解放。1949年7月12日，中共河北省委第一次全体会议在保定召开，宣告中共河北省委成立。新中国成立后，作为中国唯一的一个环抱首都北京的省份，河北在首都安全中更是起到了不可替代的重要作用。

1. 中央领导和省领导高度重视河北

在中央的支持和省委的领导下，在巩固政权、恢复国民经济的基础上，河北较快地建立起符合河北省情以及国家战略需要的工业产业体系。20世纪50年代，河北棉产量居全国首位，约占全国棉花总量的四分之一，根据河北平原盛产棉花的特点，在河北石家庄和邯郸建成了两个规模较大、门类齐全、具有较高生产技术水平的纺织工业基地，其他各地也建立了中小型纺织厂，并扩建了一批纺织、印染、丝绸和纺织机械制造企业，使生产能力有了新的发展。到1965年，河北的纱锭拥有量跃居全国第二位。为了摆脱基础工业薄弱的困境，河北完成了开滦、峰峰、井陉煤矿的扩建，新建发电厂，宣钢、唐钢，河北的采掘、冶炼等重工业也有了较大的发展。这些成为新中国经济建设的重要组成部分。

河北，同我们的祖国一样，是一片多灾多难的土地，也是一片英勇不屈的土地。1963年7月末8月初，河北遭受历史上罕见的特大洪灾，毛泽东同志非常关心河北的灾情，指示当时的河北省委书记林铁同志："你们一定要把河北的洪水制服，把河北人民从水旱灾害中解救出来。拯民于水火之中嘛！"他还说："我现在不做湖南人了，要做河北人，生在湖南，死在河北。"并挥笔题写"一定要根治海河"的著名题词。自此，河北以根治海河为中心的水利建设以更大的规模、更快的步伐展开了。

当好首都"护城河"，是河北省的政治责任，是为政之要。河北省历届省委省政府都积极主动地承担着维护首都安全的重任。每一任领导都把当好首都"护城河"作为指导河北全局工作的立足点和着眼点，不断深化和推进首都"护城河"治理，使其不断丰富和完善，成效明显，其经验被推广到全国，为维护首都和河北的稳定乃至为全国稳定作出了重大贡献，甚至汇聚形成了"富有河北特色、燕赵情怀的护城河精神"[1]，成为激励河北人民为建设经济强省、美丽河北，实现中华民族伟大复兴而努力奋斗的宝贵精神财富。

改革开放后，我们党确立了以经济建设为中心的工作重心，河北省在搞好经济建设和改革开放的同时，不忘初心，牢记使命，默默地承担着守护首都安全的职责。

2. 进入21世纪之后河北维护首都安全的做法

进入21世纪之后，我国经济发展进入快车道，各种社会矛盾、问题也在时空压缩的改革开放背景下日益凸显出来，河北由于距离北京近，在维护首都安全方面承担了多方面的职责。具体讲，表现在以下几个方面。

---

[1] 孙增武：《完善机制当好首都政治护城河》，《共产党员》2020年1月。

（1）信访工作

随着社会问题和矛盾的增加以及人们的权利意识觉醒，信访群众进京上访的事件逐年增多。河北在应对上访群众的非正常进京上访方面取得了一些成效。

（2）通向首都北京的交通秩序维护

河北与北京交通相连，河北境内有京广、京九等15条铁路干线，京深、京沈、京张、京昆等12条高速公路，有国家和省级干线公路160条，又因河北外与5省（区）52市（县）接壤，因此是首都通往全国各地的咽喉要道，也是其他许多省通往北京的必经之路、交通要道，因此是排查不安全因素的重点区域。尤其在一些特殊的时间节点，维护进京的交通秩序已成为"护城河"治理的重要任务。

（3）环京地区治安管理

北京周边的河北地区是人口密集、人员构成复杂、人口流动频繁的地区，有高楼林立的新城，也有城乡接合部。2008年北京奥运会前夕，中央审时度势，就加强北京奥运会安全稳定，指导河北省专门成立了首都"护城河"指挥部。

（4）环首都贫困带治理

2005年，由亚洲开发银行资助，在河北省开展了一个名为"河北省发展战略研究报告"的研究项目，报告首次提出环京津贫困带概念。环首都贫困带不是一个闭环，而是在北京北、西、南三个方向呈C形环布的张家口、承德和保定三市的大部分地区。学者宋树恩的调研数据显示：这一贫困带中，农民人均纯收入、人均GDP、县均地方财政收入，不足北京周边县（区）的三分之一、四分之一、十分之一。过去在这一区域，国家级深度贫困县就占了10个。环京津贫困带（当时）成为中国东部沿海地区城乡差别最严重的地区之一，甚至与西部地区最贫困的三西地区（定西、河西、西海固）处于同一发展水平，有些指标甚至比三西地区还要低。

燕山—太行山连片特殊贫困区（以下简称"燕太特困区"）地处河北省北部山区，包括唐县、阜平县、顺平县、涞源县、易县、曲阳县、涞水县、望都县、蔚县、阳原县、怀安县、万全县、张北县、沽源县、尚义县、康保县、宣化县、丰宁满族自治县、围场满族蒙古族自治县、隆化县、平泉县、承德县共22个县。"燕太特困区"行政区域土地面积6.6万平方公里，县均3015平方公里，是全省县均水平的2.3倍。2011年，"燕太特困区"总人口806.6万，占全省县域总人口的13.5%，县均人口36.7万，比全省县均水平少7.4万。按2011年统计标准，2010年"燕太特困区"贫困人口271.84万，占乡村人口的38.7%，比全省县域平均水平高21.8个百分点。燕太特困区县均人口少，而贫困人口比重大，因此扶贫难度大。而且这些地方自然条件差，生存环境恶劣，经济基础薄弱，交通、通信等基础设施简陋，社会事业滞后，人民群众生活水平普遍偏低。尤其一些偏远农村地区，年轻人外出打工，"空心村"、老年人口居多，形成了不合时宜却又显眼的"环首都贫困带"。2012年12月30日习近平总书记到河北省阜平县看望慰问困难群众，考察扶贫工作，发表重要讲话，向全党全国发出了脱贫攻坚的动员令。面对艰巨的脱贫攻坚任务，河北省委省政府、北京市委市政府下大力气解决，对于环首都贫困带涉及的相关贫困村，采取多措并举，多管齐下。学界、政府在解决环首都贫困带方面进行了不懈努力。

首先是解放思想，破除思想障碍。一是破除等、靠、要思想，树立创先争优理念。加快转变贫困地区发展观念和思路，由原来的外部支援为主，转变为以激发贫困地区内生动力、自主发展为主，由以往的"输血"变为"造血"。二是破除地域区划思想，建立全区域共同发展理念。根据各地特色在全区范围内统筹规划一批中心城市、市场、产业园等，集中优势资源统筹开发，共谋发展之路。三是破除急功近利思想，确立可持续发展理念。突出实施生态保护、农村能源、生态移民等三大工程，争取在产业发展、生态环境、社会事业方面取得全面进展。四是破除官本位思想，深化服务型政府建设理念。强化各级政府以民为本，进一步减少和规范行政审批，在精简环节、压缩时限、提高效率上下功夫，为贫困地区脱贫致富创造良好的发展环境。

其次，实施对标行动、精准帮扶行动。比如，在燕太特困区22个贫困县中，有17个县属于环京津贫困带。燕太特困区22个贫困县中，地方财政一般预算收入最大的平泉县，2011年是5.9亿元，而北京市同期地方财政一般预算收入最少的延庆县是8.1亿元，后者是前者的1.37倍。燕太特困区2011年农民人均纯收入最高的望都县为5799元，而北京市同期农民人均纯收入最低的延庆县是12761元，后者是前者的2.2倍。通过加强与北京天津郊县对标，学习京津地区的先进发展理念、发展模式、发展措施和发展经验，以人之长，补己之短，加快了扶贫攻坚和脱贫致富的步伐。

再次，强化政策倾斜，健全配套政策体系，提高政策扶持效应。一是健全社会保障制度。坚持公开、公平、公正原则，进一步完善农村低保、合作医疗、养老保险等贫困地区农民的社会保障体系。二是完善人才保障制度。落实九年制义务教育经费保障制度，加大贫困学生救助力度，为贫困地区经济发展增加人才储备；加大对贫困地区干部和农村实用人才的培训力度，完善长期在贫困地区工作的干部鼓励政策，发挥创业人才在扶贫开发中的作用。三是改善基础设施条件。针对农民生产生活中的实际问题，统一规划，分步实施，切实改善贫困地区基础设施条件。四是完善各项产业扶持政策。注重项目倾斜，积极引导扶持农民根据山区特点和资源优势，培育发展特色产业。五是强化效率原则，加大财政金融扶持力度。财政扶持方面，在积极争取中央财政支持的同时，加大各级财政投入，提高各项专项转移支付倾斜和专项拨款，缓解贫困地区公共产品供求矛盾。继续实施和完善激励型财政政策，提高贫困地区的造血和自我发展能力。金融支持方面，加大对燕太特困区优势产业、特色农业的融资扶持力度，适度增加对燕太特困区支农再贷款指标和放贷规模，积极支持发展小额贷款公司、农村互助资金社等新型农村金融服务机构，进一步深化农村信用社改革，壮大资金实力。

最后，因村施策、精准扶贫。河北省、市直单位，北京相关部门向贫困村派驻驻村第一书记、驻村干部，在项目、资金、人才方面，实现精准对接帮扶。经过不懈努力，至2020年2月底，包括阜平在内的河北省27个环京津贫困县全部脱贫摘帽，数百万贫困人口脱贫，环京津地区历史上第一次摆脱了区域性绝对贫困。2021年6月，中国共产党建党100周年前夕，"燕太特困区"与全国其他贫困地区一道完成了脱贫，进入小康，初步解决了环首都贫困带的问题。

（5）以维稳思维为指导

国内学术界对首都（经济）圈的研究晚于对首都稳定的研究，没有把维护首都稳定放在首都圈的框架下去考量。长期以来，维稳是以一项单纯的政治任务来执行的，而且具有高于一切的地位，首都"护城河"的功能仅限制为：把各种不安全因素拦截在京外；矛盾纠纷化解、治安联防与社会综合治理、破案追逃、打击流窜犯罪、重大活动联合行动；司法协作和扫黄打非等诸多方面进行协作治理。这些措施具有临时性、应急性、突发性，对社会正常秩序的运行产生一定干扰，主要是治标，而不治本，不能对影响稳定的根源进行辩证施治、系统治理，没有跳出"就稳定讲稳定"的思维模式。这种陈旧的思维模式，加之市场机制的缺失，使河北在"维稳"工作上为首都北京的繁荣稳定做出了一些牺牲与贡献，但首都及周边的长效平安机制并没有建立起来，而且北京对周边地区的虹吸效应也长期没有得到有效缓解。

进入新时代之后提出首都政治"护城河"的概念，体现的是安全理念的发展与变化，首都政治"护城河"强调的是以创新、开放、绿色、协调、共享五大发展理念为指导，主张从共同富裕的角度出发，做强、做美河北，只有这样才能更好地创建平安河北，承担首都"护城河"职责，更好地拱卫首都安全。

（三）新时代河北担当"首都政治护城河"责任的几点思考

进入新时代，河北自身更是提出了当好"首都政治护城河"概念，2019年11月7日中国共产党河北省第九届委员会第九次全体会议，强调要坚定不移当好首都政治"护城河"，坚持和完善共建共享的社会治理制度，着力打造拱卫首都安全的钢铁长城。这是拱卫首都安全的新要求。河北如何在京津冀协同发展的大背景下，充分依托自身地理特征，借力京津冀协同发展和雄安新区建设，构筑首都安全共治共享格局，值得思考。

1. 京津冀协同发展对"护城河"建设提出了新要求

从北京大都市的发展进程看，北京已经从对周边资源的"虹吸效应阶段"进入到"对外辐射"阶段，为首都"护城河"的治理提供了新条件、新机遇。

解决北京大城市病给河北提供了新的发展机遇。"人们感到北京出现了许多问题：人口已膨胀到极点，交通、住房、水资源的困难和环境污染，使人觉得与首都地位不相匹配。而各地人群仍然继续涌入，林林总总的事业与项目还想继续到北京立足扎根，百姓和政府都感到难负其重。"① 例如，交通拥堵是首都北京大城市病最显著、最外在的病症之一。2003—2006年，笔者曾在北京读书，当时还没有高铁，坐火车到石家庄需要两小时左右，而仅在市内坐公交车，从颐和园到北京西站（当时未通地铁）则需要4—5小时，也就是足足半天的时间。可见当时市内交通拥堵之严重。现在到北京人们也会感受到地铁人满为患、市内汽车拥堵的问题。人们之所以对北京向往，其实就是由于北京有高水平的教育、医疗卫生资源和较多的就业机会、创业平台，有更多实现自己梦想的机会。疏解非首都功能，就是要让河北承接北京外溢的这些资源。实际上，在京津冀协同发展的背景下，随着北京人口、产业不断向河北、雄安新区疏解，北京的交通状况得到一定程度的改善，产业结构不断优化，河北在经济发展的同时，吸纳了一定数量的劳动力、人口、产业、资源、资金，缓解了首都北京的压力，承担起了维护首都稳定的重任。

河北省是京畿重地，在首都护城河治理中担负着特殊重要

---

① 王玲：《北京与周围城市关系史》，北京燕山出版社2014年版，再版序言，第2页。

的使命。根据京津冀协同发展战略和"创新、协调、绿色、开放、共享"五大发展理念，本书把共享理念引入首都"护城河"治理研究，旨在使首都"护城河"不再局限为一个政治口号、政治名词，而是转变为一种治理理念和治理方式。把维护稳定纳入首都经济社会发展总布局，把"护城河"治理放在首都（经济）圈、京津冀协同发展的大背景下，由单纯地维护首都稳定转变为京冀两地人民共享社会治理与社会发展红利。把社会稳定、首都安全与政治、经济、文化等方面的发展结合起来，统一治理，树立维护稳定的共享理念。通过引入"共治""共享"的理念，即"坚持发展为了人民、发展依靠人民、发展成果由人民共享"，促进河北社会安全、首都安全良性互动，使首都"护城河"治理成为"人人参与、人人尽力、人人享有"的系统工程；通过全面构筑首都"护城河"持续发展的多方面全方位内生动力机制，使首都"护城河"治理成为全社会各方面都参与其中的一项共治共享工程。

2. 雄安新区成立为河北承担首都护城河功能提供崭新机遇

雄安新区被誉为千年大计。党的十八大以来，从谋划京津冀协同发展战略，到提出选择一个疏解北京非首都功能集中承载地，再到部署雄安新区建设。这是一个重大历史决策。2013年5月，习近平总书记在天津调研时指出，要谱写新时期社会主义现代化建设的京津双城记，同年8月，在北戴河主持研究河北发展问题时，他强调要推动京津冀协同发展。2014年2月，习近平总书记考察北京市并主持召开座谈会，明确提出京津冀协同发展的重大战略。疏解北京非首都功能任务是重中之重，而选择一个疏解北京非首都功能集中承载地的构想也逐渐浮出水面。

雄安新区地处河北保定，保定之名取"保卫大都，安定天下"之意，自古就是京畿重地的要冲之塞，保定与正定、北京并称北方三雄镇，是首都北京的南大门，与北京相伴而生，素有"冀北干城、都南屏翰"之称。京津冀协同发展，我们要把工作重点放在协同上；雄安新区，我们要把工作放在创新上。雄安新区作为疏解北京非首都功能的承载地，自然要承担"护城河"职能，甚至它本身就是广义的"护城河"的一个组成部分，而且它也以自己的创新为河北的发展及"护城河"治理提供了样本。

在古代，作为封建王朝都城，京城的安定是为封建主义王朝服务，为封建统治者的独裁专制服务，为皇权服务的。而新中国的首都"护城河"则是强国战略的重要组成部分，是为人民服务的利国利民工程，是国家治理现代化的一个重要组成部分。河北要充分发挥三区一基地作用，牢牢把握京津冀协同发展的战略机遇期，利用好雄安新区建设和正定自由贸易区建设这个千载难逢的好机会，要通过理念转换、思路转移、方法转段升级，建立符合社会主义市场经济原则、符合时代要求的首都"护城河"治理机制。使"护城河"不再局限为一个空洞的政治口号、政治名词，而是转变为一种治理理念，是全社会、各方面都参与其中的一种共治共享工程，真正造福百姓，利于国家。

二　以总体国家安全观指导首都"护城河"治理

根据世界安全格局的新特点和我国安全形势新变化，习近平总书记提出了总体国家安全观，这是保障国家安全的重要战略指导理念，也是指导首都"护城河"治理的重要指导理念。

习近平总书记特别强调总体国家安全观，2014年4月15日，在中央国家安全委员会第一次会议上，他明确指出："要准确把握国家安全形势变化新特点新趋势，坚持总体国家安全观，走出一条中国特色国家安全道路。"[1] 党的十九大报告中，习近平总书记再次强调，"必须坚持国家利益至上，以人民安全为宗旨，以政治安全为根本，统筹外部安全和内部安全、国土安全和国民安全、传统安全和非传统安全、自身安全和共同安全，完善国家安全制度体系，加强国家安全能力建设，坚决维护国家主权、安全、发展利益"。[2] 这为我们树立总体国家安全观指明了方向。首都安全是总体安全的重中之重，是总体安全中的核心，所以，新时代首都"护城河"治理应当以总体国家安全观为指导。

（一）首都安全面临着复杂的安全形势

进入21世纪之后，随着经济全球化、世界各国之间的交流互动增多，政治与经济依赖性增强，经济联动性增强，国际关系、世界格局发生了一系列复杂变化。中国在实现经济快速增长、社会长期稳定的同时，也面临着一些新的安全形势。

1. 战争形态发生新的变化

21世纪之初，美国遭受"9·11"恐怖袭击，时任美国总统小布什在接受专访时说，显然美国遇上了一个新的敌人，这就是21世纪战争的模样。从后来的发展趋势来看，显然21世纪的战争形态发生了一系列更新的变化。

---

[1] 《坚持总体国家安全观 走中国特色国家安全道路》，《光明日报》2014年4月16日。
[2] 《习近平谈治国理政》第三卷，外文出版社2020年版，第19页。

美国在伊拉克、伊朗、阿富汗接连发动局部战争，使当地人民饱受战争的苦难。2022年2月24日，俄乌冲突爆发，美国等西方国家对俄罗斯实施"史上最严厉制裁"，俄罗斯与北约、美国的对峙、对立不断加强。同时，以美国为代表的西方国家对中国一刻也没有放松围堵。

美国为了维持本国的霸权地位，同时又降低战争成本，采取了混合战争，混合战争的特点有以下几个：第一，战争形式已突破以往人们对战争的理解。核武器制衡、军事力量战略威慑、军事打击、军事演习之外，外交战、经济战、贸易战、金融战、科技战、网络战、信息战、生物战、间谍战、心理战、舆论战、法律战、意识形态攻击等不一而足。冷战、热点相互交织，战争越来越具有复杂性、隐蔽性、间接性、欺骗性、长期性等特点。第二，战与非战的边界模糊。传统战争需要正式宣战，而混合战争由于战争形式的多样性，可以说是无处不在、无时不有，让人防不胜防，确定是否处于战争状态变得困难。第三，美国提出的混合战争过多强调了世界各国的对抗性，忽视了世界和人类社会的你中有我、我中有你的统一体性质。21世纪初的伊拉克战争、阿富汗战争、利比亚战争、叙利亚战争等局部战争和武装冲突，以及许多国家的所谓"颜色革命"，均展示了政治、经济、文化、外交等多种手段与有限的军事行动相配合的混合战争图景。

无论是"重返亚太战略"，还是挑起贸易摩擦，无论是中东、周边国家的战火，南海、东海的挑衅，台海的搅局，还是无时不有的间谍战、舆论战，可以说都是针对中国的遏制与打压，作为社会主义国家的中国需要警惕战争形式的变化与国际形势的演化，切实把维护首都北京的安全，作为首要任务。河北，作为距离北京最近的省，更是要全方位关注世界面临着复杂、不确定的安全状态，捍卫首都安全。因为古今中外，所有的战争，最终的目的甚至直接的攻击目标就是攻占政治中心——首都，因此，可以说，首都安全关系国家民族的安全、安危、存亡。时至今日，首都安全已由传统的军事守卫、军事阻击意义上的安全变为军事、政治、经济、文化、生态等全方位的综合性安全。所以，要在总体安全观指导下，统筹传统安全与非传统安全，保卫首都安全。

2. 安全威胁层出不穷、相互交织

习近平总书记强调的总体国家安全观，包括政治安全、国土安全、军事安全、经济安全、文化安全、社会安全、科技安全、网络安全、生态安全、资源安全、核安全、海外利益安全、生物安全、太空安全、极地安全、深海安全在内的 16 种安全。可见，总体国家安全观既涵盖传统安全领域又涵盖非传统安全领域，既强调国土安全，又强调国民安全，既强调物的层面的安全，也强调人的层面的安全，既强调国家层面的安全，又强调地球层面的安全。

随着国际局势的动荡，当前中国的安全威胁既来自传统安全，又来自非传统安全；既有国土安全，又有国民安全；既有物的层面的安全，又有人的层面的安全。传统安全、国土安全，如美国在我国南海周边的挑衅，在台海问题上的搅局；非传统安全、国民安全、人的层面的安全，如威胁人的生命健康的新冠肺炎疫情等生物安全。美国为了维护自己的霸权地位，一方面，以北约为打手，把手伸向全世界，在各地挑起事端，从中渔利。另一方面，为了缓解国内抗疫不利、经济危机带来的压力，美国会转移矛盾，转嫁问题，尤其是在亚太地区，有针对性地制造安全问题，阻碍中国的正常发展，特别值得引起我们的重视与警惕。

首都周边地区的非传统安全问题应当引起我们的高度重视。2022年4月28日，北京健康宝遭受境外网络攻击①，经初步分析，攻击源头来自境外，北京健康宝保障团队进行及时有效应对，受攻击期间，北京健康宝相关服务未受影响。这是疫情防控与网络安全相交织的典型的安全威胁事件。我们应当把首都安全放在全球安全的背景之下，放在总体安全观的指导之下，警惕影响首都安全的各种安全因素，严防非传统安全演化为传统安全问题。党的十九大报告多次提到安全的命题，并把提高人民的安全感作为我们党的奋斗目标之一。在谈到安全问题时，习近平总书记每次都提到非传统安全，比如他指出，"恐怖主义、网络安全、重大传染性疾病、气候变化等非传统安全威胁持续蔓延"②，并明确指出要"统筹应对传统和非传统安全威胁"③。这为我们在新时代思考与应对非传统安全问题指明了方向。的确，一系列传统安全因素与非传统安全因素已经对我国国家安全构成严重威胁，需要我们深入思考、冷静应对。

3. 在河北省加强首都安全与国家安全教育

国家总体安全是新时代建设中国特色社会主义的前提和基础，是实现中华民族伟大复兴的重要保障，是保障人民幸福生活的重要条件，每年4月15日被定为"全民国家安全教育日"。但是，由于我国自改革开放以来较长时期处于和平发展

---

① 《今天上午北京健康宝遭受境外网络攻击 源头来自境外 已有效处置》，《北京青年报》2022年4月28日。
② 《习近平谈治国理政》第三卷，外文出版社2017年版，第45页。
③ 《习近平谈治国理政》第三卷，外文出版社2017年版，第46页。

阶段，加之我国军事实力增强，人们往往忽视了战争、不稳定因素，对于世界安全形势比较乐观。实际上，当今世界并非人们想象得那么安宁，相反，霸权主义、地区动荡、局部战争还在一定程度上影响着世界各国。因此，要加强国家安全教育。河北作为京畿大省，更应向其他国家学习，加强全民国防教育，尤其要加强首都安全、国家安全教育。

首都安全、国家安全至关重要，这是世界各国的共识。我国由于较长一个时期处于和平环境，对于安全教育忽视了，尤其是年青一代，从年龄、生活经历、环境熏陶、教育背景等方面，基本上可以说是乐不思战、乐不思危。因此，非常有必要学习其他国家在这方面的做法，做到防患未然。比如瑞士，就非常重视对国民的国防安全教育，非常重视发展总体防御的国防力量，甚至确立"全民皆兵"的制度，瑞士政府特别注重培养和保持民众的国防意识和尚武精神，随时准备着动员国内力量，做好反侵略战争的准备，他们这样做不只是为了争取战场上的胜利，更重要的是让入侵者看到向这个国家发动进攻将得不偿失，从而达到避免战争的目的。因此，瑞士通过不同形式在全国宣传国防政策和总体防御思想，把国防活动融合到人民的社会生活之中，将国防意识变为全民的意识，寓军于民、全民皆兵。连瑞士的外交官都宣称"我们瑞士公民迈出右脚时是一个公民，迈出左脚时就是一个战士"。瑞士是一个小国，但是奉行全民国防教育的大战略，非常值得我们学习。

国家兴亡，匹夫有责，作为河北省的公民，应该坚持总体国家安全观，增强忧患意识，做到居安思危，增强国家安全意识，在全省形成维护首都安全、国家安全的强大合力，才有可能满足承担首都"护城河"职责的要求。比如官员和地方负责人到中共河北省委党校学习时，要进行一定课时的国际形势、国家安全政策、首都安全、首都"护城河"、现代化战争、战略与资源管理等方面课程的培训，以此增强领导干部对首都安全重要性的认识，增强共同捍卫首都安全、国家安全的自觉性和主动性。在公务员培训内容中，设置国家安全、首都安全培训等必修课程，提高领导干部、公务员国家安全意识、首都安全意识，增强维护首都安全的能力与素质。

在河北，要以《中华人民共和国国家安全法》的宣传教育为基础，编写《国家安全手册》《首都安全手册》，在大、中、小学生中开展国家安全教育、首都安全教育，在国民教育体系中，对大、中、小学生、研究生开展国家安全教育，提高国家安全、首都安全意识，在大学要开展专门的国家安全、首都安全学科建设，编写国家安全、首都安全方面的教材，培养专门人才，普及安全教育。此外，还要在社区、各企事业单位进行国家安全、首都安全教育。总之，在全省进行入耳、入脑、入心的国家安全、首都安全教育。

尤其是注意加强非传统安全教育。因为，有老一辈人的口口相传，受大量脍炙人口、家喻户晓的抗战与革命题材影视作品感召，传统意义上的国家安全概念是比较深入人心的，人们普遍对传统安全问题，如军事安全、政权稳固、领土安全等问题广泛知晓与认识深刻，有较高的警惕性。但对于一些非传统安全问题警惕性较差，因此要教育民众对非传统安全问题，特别是与人们生活息息相关的非传统安全问题，如生物安全、网络安全等要特别加强注意，提高警惕。

河北人民要认识到，目前世界动荡、世界力量对比发生巨大变化，我国面临的安全形势是严峻的。其实人们的日常生活与国家政治、国家安全都是密切相关的，但是，就目前河北省的情况来看，这一观念还没有成为一种常识。许多人没有深刻地认识到这一点，说明政治意识不够敏锐，没有把自己的言行与国家安全、首都安全挂钩。这难免会给别有用心的人造成可乘之机，甚至会做一些亲者痛、仇者快的事。

(二) 首都"护城河"治理是国家治理现代化的组成部分

北京被我们形象而亲切地称为"祖国的心脏"，首都安全是国家安全的核心组成部分，河北以其特殊的地理位置、特殊的文化传统，担负护卫首都安全，使命光荣、责任重大。首都"护城河"是一项维护首都稳定大局的政治工程，是一个压倒一切的政治任务，同时，也是安全治理的重要组成部分，在社会治理中具有十分重要的地位。首都"护城河"治理是首都安全治理，也是国家安全治理的重要组成部分。习近平总书记指出，"建设和管理好首都，是国家治理体系和治理能力现代化的重要内容"[①]。顺着这样的思路，我们应当认识到，建设和管理好首都"护城河"工程是建设和管理好首都的自然延伸和必然要求，也是国家治理体系和治理能力现代化的重要内容。

1. 治理现代化是相对于传统治理理念和方式而言的

以往首都护城河治理具有一定的片面性，主要表现为以下三个方面。

一是护城河工程单纯依赖政府，忽视市场决定作用和社会力量的参与，把维护稳定作为一种单纯的政治任务，把群众作为维稳的对象，而不是依靠力量，更没有调动群众参与首都"护城河"治理的积极性，忽视维稳与维权之间的关联性，不

---

① 《立足优势 深化改革 勇于开拓 在建设首善之区上不断取得新成绩》，《光明日报》2014年2月27日。

利于"护城河"功能的良性发挥，不利于首都持久平安稳定。

二是缺乏补偿性。维稳不计成本、不计报酬；没有把提供首都稳定这一公共产品的成本纳入中央财政预算。尤其是河北维护稳定的成本与收益不对称，在一定程度上影响了河北的经济发展，导致京冀社会发展与社会保障水平差距悬殊，不利于护城河功能的良性发挥，不利于首都持久平安稳定。

三是"护城河"缺乏系统性。单纯强调社会的稳定，忽视了维稳与经济社会全面发展之间的关联。实际上，社会稳定与政治安定、经济繁荣、文化进步、生态良好是密不可分、相互依存、相互促进，同时也是相互制约的。单纯的维稳，维出来的是一种外力强加的稳定，不是内在的秩序稳定与人心安宁，是脆弱的，是不能持久的。

2. 政治"护城河"的提出为"护城河"精神注入时代内涵，体现国家治理现代化

一是争取把首都"护城河"治理上升为国家安全战略。首都安全关系到国家政局稳定，关系到国家安全，意义重大。要把首都"护城河"治理上升为国家安全战略的高度，在中央统筹之下，开展工作。京津冀世界级大城市群、都市圈建设，在国家政治经济发展中占有举足轻重的地位，首都又是京津冀协同发展战略的核心区域，首都安全的意义更加凸显，因此，有必要把区域性安全问题上升到国家安全和国家治理层面。力争把提供首都安全稳定这一公共产品的成本纳入中央财政预算。以前的首都维稳主要是地方财政，要争取提高中央财政的出资比例，在中央统筹之下，开展工作。加强首都"护城河"治理的顶层设计。启动护城河治理的区域立法和区域规划。从首都

安全着眼，进行立法调研、起草；制定"护城河"治理的五年规划、十年规划。建立"护城河"治理常设机构。使首都"护城河"由单纯的危机处理临时性机构转变为进行安全防范、社会治理、社会服务的日常性机构。

二是以共同富裕为指针，把共享机制引入"护城河"工程建设，实现京津冀协同发展、共同富裕、共享治理红利。让河北的人民群众在维护首都稳定中，有更多的获得感、幸福感、安全感。把维护首都安全稳定与消除京冀两地社会保障水平的落差结合起来，促进环首都地区乡村振兴和经济社会发展，让首都周边的河北人民群众共享经济发展成果、共享蓝天白云。

三是实现京冀协同、共同治理。建立京津冀共同参与"护城河"治理的统一平台。建立"护城河"综合治理机制、信息共享机制、应急联动机制、资源共享机制、人才共享机制、生态环境共享机制等共享机制。建立健全"护城河"工程投入补偿机制，建立护城河服务基金或纳入中央财政预算，确保各参与方共享安全红利，推进首都稳定持续发展。变严密防控为有序疏导；变自上而下为自下而上的自觉参与；由以社会治安为主变为以综合立体治理为特征。

四是发挥市场机制、社会力量的积极作用，逐渐走出以行政手段为主的维稳治理思路。在首都安全问题上，要把发挥好市场的决定作用与更好发挥政府作用结合起来，坚持两条腿走路。政府一方面要努力提供公共产品，另一方面也要为服务首都安全的生产企业、服务企业创造发展条件。比如，探索实行安全服务外包；建立首都重大安全问题的预测、咨询机构，准确把脉首都"护城河"安全。引入市场机制，发展安全业态，促进安全产业化，确保首都稳定与经济发展互相促进。充分发挥社会力量在河北安全、首都安全治理中的作用。加强环境保护组织、律师协会等社会组织中的党建工作,加强党对社会组织的领导,进行人才培训,提供资金支持,加强法律规制,提供保障服务,发挥社会组织在首都"护城河"治理中的主力军作用。加强网络安全治理,建立健全网络社区自治组织,充分重视网络在突发事件中的应对作用。

五是把首都"护城河"治理的共享机制纳入法治轨道。推进信访法治化、矛盾化解法治化、区域合作法治化等,使首都"护城河"治理由单纯的行政行为转变为制度化的法治行为,确保首都"护城河"系统良性运转,形成更高质量的首都安全,推动"护城河"治理上升到更高水平。

总之,要把共治共享理念引入首都政治"护城河"治理,使首都政治"护城河"转变为一种治理理念和治理方式。坚持"安全为了人民、安全依靠人民、安全红利由人民共享"的理念,全面构筑首都"护城河"持续发展的内生动力机制,促进河北社会安全、首都社会安全良性互动,使首都"护城河"治理成为"人人参与、人人尽力、人人享有"的系统工程。这可以说是首都"护城河"治理的政治经济学原理。

第二章

以高政治站位捍卫首都政治安全

首都安全关系到国家政局稳定,关系到国家安全,意义重大。习近平总书记强调,坚持总体国家安全观必须以政治安全为根本。而首都的政治安全就是根本中的根本。河北应当以首都政治"护城河"为统领,统筹政治安全、文化安全、经济安全、社会安全、网络安全、环境安全等各类安全。

一 准确把握政治"护城河"政治站位

政治"护城河"是河北落实国家总体安全观的重要抓手,也是河北当好首都"护城河"的重要指针。

(一)首都政治"护城河"的提出

2017年11月,时任河北省委书记王东峰强调指出,坚决当好首都政治"护城河",以河北之稳拱卫首都安全,以河北之进服务京津乃至全国改革发展大局。后来又在各种场合,反复强调首都政治"护城河"的命题。

2018年5月3日,王东峰在省国家安全工作领导小组2018年第一次会议上强调,坚定不移贯彻落实习近平总书记总体国家安全观，坚决当好首都政治"护城河"。2019年1月3日，他在走访慰问驻石军级以上部队时强调，积极支持服务国防和军队建设，齐心协力当好首都政治"护城河"。王东峰指出，河北是京畿重地，当好首都政治"护城河"是政治之责、为政之要，是军地双方共同的政治责任。

2019年11月6日，中国共产党河北省委第九届委员会第九次会议召开，会议就深入学习贯彻党的十九届四中全会精神作出全面部署，强调要坚持和完善党的领导制度体系，坚定不移当好首都政治"护城河"，坚持和完善共建共治共享的社会治理制度，着力打造拱卫首都安全的"钢铁长城"。2020年6月召开的河北省平安建设领导小组第一次会议指出，要深入推进平安河北建设，坚决当好首都政治"护城河"。

2021年8月，王东峰接受《法治日报》记者专访，表示要紧紧围绕创新社会治理加强法治保障，坚决筑牢拱卫首都安全的"钢铁长城"。要大力学习宣传英模事迹，激励政法队伍忠诚干净担当实干，凝心聚力保一方平安、促一方发展，齐心协力建设法治河北，为构建首都政治"护城河"作出新的更大的贡献。2021年8月，河北省应对新冠肺炎疫情工作领导小组会议强调，全力以赴做好疫情防控各项工作，以实际成效坚决当好首都政治"护城河"。2021年秋季学期中共河北省委党校（河北行政学院）中青年干部培训班开班，王东峰强调，要始终做到信念坚定、对党忠诚，以实际行动坚决当好首都政治"护城河"。

2022年3月，王东峰在廊坊市调研疫情防控工作时强调，"要深入学习贯彻习近平总书记重要指示和党的决策部署，充分认识到当前疫情防控工作的严峻性和复杂性，全力构筑联防联控、群防群控的坚固防线，以实际行动和成效坚决拱卫首都安全，切实当好首都政治'护城河'"①。2022年3月，王东峰在《中国网信》创刊号发表文章《坚持综合治理 筑牢网上首都政治"护城河"》。

从以上简要梳理，不难看出，王东峰同志不但提出政治"护城河"的概念，而且把首都政治"护城河"当作各项工作的统领性指导理念，把政治"护城河"理念贯穿到各项专项和日常工作中去，使得"护城河"由单纯的维护稳定变为从全方位拱卫首都安全，"护城河"不但是一项社会管理领域的工作，而且成为贯穿各项省委重要任务的工作，这样，"护城河"的内涵与外延有了新的扩展和更为深刻、丰富的含义。首都"护城河"，不仅是单纯口号，而且成为一种指导理念；不仅是消极被动的阻和挡，而是积极主动的防和护；不仅是静态的管和控，还是动态的治和理；不仅靠政府，而且应该靠社会、靠广大群众；不仅依靠群众，更体现为了群众；不仅为了首都稳定，同时也是为了政治安全，为了国家政治、国家政权安全，最终是为了人民安全。所以，政治"护城河"体现的是共建共治、共享共赢的安全理念，是把河北省的经济社会发展与首都安全统筹考虑的安全理念，河北省的经济社会发展以政治"护城河"为统领，当好政治"护城河"又会为首都、为河北省的经济社会发展提供一个良好的安全环境。政治"护城河"体现的是一种以政治安全为核心的总体安全，体现的是以首都安全为核心同时也包括河北安全在内的总体安全。

（二）政治"护城河"为"护城河"精神注入时代内涵

冷战时期，中国外交的主旋律是"两个拳头打人"，即

---

① 《王东峰在廊坊市调研检查》，《河北日报》2022年3月15日。

"反两霸"：一个拳头打倒美帝国主义，一个拳头打倒苏联修正主义。中苏关系、中美关系严重对峙，北京周边地区，尤其是河北北部，可以说是军事意义上的"护城河"。进入改革开放新时期之后，中国对外开放，逐渐进入全球化进程，坚持以经济建设为中心，后来经济社会发展不平衡导致社会问题，维护首都及周边地区的社会秩序，保证首都安全稳定，成为"护城河"的主要任务，"护城河"指的主要是对内职能。政治"护城河"是进入新时代之后提出的一个新概念，是对一般"护城河"概念的发展，政治"护城河"包含了一般"护城河"的功能，即从社会稳定、社会治安、社会秩序的角度来谈首都安全。河北作为京畿重地，不仅要发挥一般"护城河"的作用，还要更加强调政治责任，成为捍卫首都政治安全的一支特殊的重要力量。因为，当今的安全问题已经不再是单一的社会或军事等某个特定方面的安全，安全威胁可能来自于陆、海、空、天、网等各个领域，因而构成了一个以政治安全为核心的经济安全、社会安全、文化安全、军事安全相互交织的安全系统。

2014年2月，习近平总书记视察北京，强调"看北京首先要从政治上看"，这话虽然是对北京提的要求，但也是全国，尤其是河北必须牢固树立的理念。北京首先是政治之都，在国家工具中占有重要地位，首都北京的政治安全是首要的安全。政治安全在总体国家安全观这个安全系统中居于重要的核心地位。首都的政治安全更是国家政治安全的重中之重。河北首先要当好首都的政治"护城河"。

（三）全省干部群众要深入理解政治"护城河"的内涵

在当今世界地区动荡、国际局势复杂多变的新形势下，河北省委提出政治"护城河"的要求是及时的、必要的、重要的,全省党员干部群众都应该保持政治"护城河"的政治自觉和思想自觉,准确理解和深入把握政治"护城河"的内涵。

1. 以四个意识统领政治"护城河"工程

提高对首都护城河治理的认识水平。2021年11月,党的十九届六中全会在建党百年的历史节点,在世纪疫情和百年变局交织的严峻复杂形势下,在"十四五"开局新征程开启的关键时刻召开,明确提出,"更加紧密地团结在以习近平同志为核心的党中央周围,全面贯彻习近平新时代中国特色社会主义思想"。[①] 党确立习近平同志党中央的核心、全党的核心地位,确立习近平新时代中国特色社会主义思想的指导地位,反映了全党全军全国各族人民共同心愿,对新时代党和国家事业发展、对推进中华民族伟大复兴历史进程具有决定性意义。有强有力的领导核心和科学的指导思想才能确保我们在茫茫大海中不迷失方向,才能确保我们战胜惊涛骇浪。"两个确立"也是国家安全、首都"护城河"治理建设的重要指导。全省干部群众应该深刻理解"两个确立"的深远重大意义,牢固树立四个意识,从维护国家安全的高度和视角来维护首都安全,把当好首都政治"护城河"当成头等大事。

2021年11月26日,中国共产党河北省第十次代表大会召开,省委书记代表中国共产党河北省第九届委员会向大会作题为《走好新的赶考路 拼搏奋进新征程 加快建设现代化经济强省美丽河北》的报告。报告强调指出,河北要始终把做到"两个维护"作为最高政治原则和根本政治规矩,坚决同以习近平

[①]《中共十九届六中全会在京举行》,《光明日报》2021年11月12日。

同志为核心的党中央保持高度一致。始终用习近平新时代中国特色社会主义思想武装头脑、指导实践、推动工作，以理论上的清醒保持政治上的坚定。始终牢记和全面贯彻习近平总书记对河北工作重要指示批示，确保党中央重大决策部署在燕赵大地落地落实。

从地理位置上讲，河北是天然的首都护城河，从思想认识和行动自觉上讲，更应当成为河北人民自觉自愿、积极主动的首都政治"护城河"。全省党员干部、全省人民群众要时刻提高政治站位，在大是大非面前保持清醒头脑，在政治上、思想上，坚定地与以习近平同志为核心的党中央保持高度一致，不折不扣地落实中央政策与部署，在化解重大风险、啃"硬骨头"中勇挑重担，打通落实中央政策的最后一公里，增强群众获得感、安全感和满意度，形成维护首都政治安全的合力。

2. 加强政治"护城河"治理能力建设

全省干部群众要提升政治"护城河"治理的政治定位，把提高"护城河"治理能力作为河北省建设国家治理能力的重要内容和推进国家治理现代化的重要一环。党委、政府担负"护城河"治理的政治责任，市场组织、社会组织、广大群众积极参与"护城河"治理，各方面协调行动、增强合力，形成共建共治共享的政治"护城河"有效治理机制。把政治"护城河"治理与服务民生、服务京津结合起来，寓治理于服务，寓服务于治理。把首都"护城河"治理与雄安新区、正定新区建设统筹考虑。以高端产业、文化产业、高等院校、科研机构、金融服务业，承接北京非首都功能，全面提高首都"护城河"治理现代化水平。

全省干部要摆脱"就稳定谈稳定"的瓶颈制约，实现从政治、经济、文化、生态、管理多角度思考首都"护城河"的转变。把共享理念、共享机制、共享模式引入首都"护城河"治理,提出共享型"护城河"治理,跳出"管人""严防""严控""严管"的控制式思维定势。跳出河北,谋划"护城河"工程,充分调动京冀两地及周边各省区党委、政府"护城河"治理的积极性,有效加强各有关部门分工协作,提高协作治理能力,以做好群众工作为主线,宣传发动全省及周边各省广大人民群众广泛参与"护城河"治理,形成更高质量的首都安全,推动"护城河"治理上升到更高水平。

环首都地区是斗争的前沿阵地,河北干部群众要提高斗争本领,坚定不移当好首都政治"护城河",打造守卫首都安全的钢铁长城。面对复杂、多变、严峻的国际形势,河北干部群众应当着力提高政治鉴别力和判断力,提高警惕,发扬斗争精神,增强斗争本领,提高斗争艺术,向危害中国共产党领导和中国特色社会主义制度,危害中国安全与发展利益,尤其是危害首都安全的各种风险和挑战,做坚强有力的斗争,以河北之稳拱卫首都安全,以河北之进服务全国改革发展大局。

二 做践行习近平新时代中国特色社会主义思想的排头兵

习近平新时代中国特色社会主义思想是马克思主义中国化的最新成果,是指导河北建设经济强省、美丽河北的根本遵循,也是首都"护城河"治理的重要指导思想。

1. 用习近平新时代中国特色社会主义思想武装干部群众头脑

理论上清醒，才能政治上坚定；思想上明确，才能行动上坚决。课题组在调研中发现，基层党员群众是有理论饥渴、思想饥渴的，这是习近平新时代中国特色社会主义思想能够在群众中扎根的群众基础。现在的问题是，如何更好地与基层党员群众现实的理论需求对接，让习近平新时代中国特色社会主义思想入脑入心，切实解决群众关心的现实问题、现实困难。党政干部、党校、高校、社会科学院相关研究人员要深入基层，深入县、乡、村（社区）一级，直接面向群众，解疑释惑。建议各地结合自己当地的历史文化资源，创新传播载体，推动马克思主义中国化最新成果的大众化。正定县是习近平总书记工作过的地方，塔元庄村的党员活动室、党课已成为宣传习近平新时代中国特色社会主义思想的阵地。河北省邯郸市馆陶县"特色小镇"寿东村建立了全国第一所村级党校，是旅游亮点，已经成为学习习近平新时代中国特色社会主义思想的重要阵地和共产党员寻找初心的创新载体。

在学习宣传习近平新时代中国特色社会主义思想方面，河北还可以有许多创新工作。比如，以西柏坡（革命）和正定（建设）为支点，整合河北红色旅游文化资源，把经典红色旅游线路继续擦亮。按照"一个革命圣地、一条黄金走廊、五大红色旅游区、十条精品线路、三十处旅游景区"的旅游发展布局，在全省全国范围内做宣传，把马克思主义中国化的最新成果的宣传与旅游宣传相结合，使理论更鲜活更生动，实现经济效益、宣传效果、社会效益的多项丰收。

2. 认真落实习近平总书记对河北工作的重要指示

习近平总书记对河北知之深、爱之切，党的十八大以来，9 次到河北视察工作，发表了系列重要讲话，做出一系列重要指示批示，为河北建设经济强省、美丽河北指明了方向，提供了遵循。这些重要讲话及其蕴含的思想是解决河北现实问题的重要指针，指导着河北新时代脱贫攻坚、防范和化解风险灾害、建设雄安新区、坚持生态优先实现绿色发展、加快新旧动能转换、统筹考虑去产能与保民生等各项工作。

第一次视察河北。2012 年 12 月习近平总书记到河北省阜平县看望慰问困难群众，发出脱贫攻坚战指令。他指出，"全面建成小康社会，最艰巨最繁重的任务在农村、特别是在贫困地区。没有农村的小康，特别是没有贫困地区的小康，就没有全面建成小康社会"。[①]"只要有信心，黄土变成金"的金句也是在这里提出的。

第二次视察河北。2013 年 7 月，习近平总书记到河北平山西柏坡考察[②]，他同当地党员干部群众座谈时郑重表示，党面临的赶考远未结束。毛泽东同志当年在西柏坡提出"两个务必"，包含着对我国几千年历史治乱规律的深刻借鉴，包含着对我们党艰苦卓绝奋斗历程的深刻总结，包含着对胜利了的政党永葆先进性和纯洁性、对即将诞生的人民政权实现长治久安的深刻忧思，包含着对我们党坚持全心全意为人民服务根本宗旨的深刻认识，思想意义和历史意义十分深远。12 日上午，习

[①]《把群众安危冷暖时刻放在心上 把党和政府温暖送到千家万户》，《光明日报》2012 年 12 月 31 日。

[②]《充分调动干部和群众积极性 保证教育实践活动善做善成》，《光明日报》2013 年 7 月 13 日。

近平总书记到河北省民政厅社会救济处、社会福利和社会事务处，向工作人员了解机关开展教育实践活动和改进服务的情况。调研指导期间，习近平总书记听取了河北省领导班子开展教育实践活动和中央督导组开展督导工作的情况汇报。他强调，开展好教育实践活动，要着力增强思想自觉和行动自觉，引导广大党员、干部提高贯彻执行党的群众路线的自觉性和坚定性，做到以"知"促"行"、以"行"促"知"、知行合一，着力贯彻和体现整风精神，把批评和自我批评摆在重要位置，把开门搞活动作为重要方法，把严格执行纪律作为重要措施；着力解决突出问题，坚持标本兼治，既认真解决"四风"方面的问题，又注重通过强化理想信念、规范工作程序、完善体制机制抑制不正之风；着力保证活动健康发展，切实做到不虚、不空、不偏。

第三次视察河北。2013年9月，习近平总书记到党的群众路线教育实践活动联系省河北，全程参加并指导省委常委班子专题民主生活会[①]。他表示，这次专题民主生活会，就是要查摆问题，开展批评和自我批评，并希望大家打消顾虑、敞开思想、坦诚相见。

习近平总书记对省委常委们的自我批评，从3个方面进行了点评：一是既从分管工作上查摆剖析问题，又积极分担班子问题的责任，从中可以看出识大体、顾大局的担当；二是既联系现在的身份和岗位职责，又联系成长进步经历，认识和把握问题有纵深感，从中可以看出作风问题发生演变的轨迹；三是既从工作中找差距，又从思想上、党性上找差距，不把问题归咎于客观原因，从中可以看出敢于揭短亮丑的勇气。大家的查

---

① 参见《大胆使用批评和自我批评有力武器》，《光明日报》2013年9月27日。

摆剖析，没有就事论事，停留于表面，而是触及了思想和灵魂。

在专题民主生活会即将结束时，习近平总书记发表重要讲话。针对大家对照检查出来的突出问题，提出四点要求：第一，坚定理想信念，切实解决好世界观、人生观、价值观这个"总开关"问题。"总开关"问题没有解决好，这样那样的出轨越界、跑冒滴漏就在所难免。在作风问题上，起决定作用的是党性。衡量党性强弱的根本尺子是公、私二字。作为党的干部，就要全心全意为人民服务，就是要诚心诚意为人民事业奋斗，就是要讲大公无私、公私分明、先公后私、公而忘私。只有一心为公，事事出于公心，才能有正确的是非观、义利观、权力观、事业观，才能把群众装在心里，才能坦荡做人、谨慎用权，才能光明正大、堂堂正正。第二，树立正确政绩观，切实抓好打基础利长远的工作。一张蓝图抓到底，不仅需要科学决策，也需要思想境界。要坚决把中央关于推动经济社会又好又快发展的要求落到实处，不要顾虑重重、瞻前顾后，更不要为生产总值增长率、全国排位等纠结。中央看一个地方工作得怎么样，不会仅仅看生产总值增长率，而要看全面工作，看解决自身发展中突出矛盾和问题的成效。第三，发扬钉钉子的精神，切实把工作落到实处。"空谈误国，实干兴邦"是具体的，要落实到方方面面的工作中去。要时刻牢记目标，统一思想、一致行动，踏石留印、抓铁有痕，过了一山再登一峰，跨过一沟再越一壑，决战决胜打好调整经济结构、化解过剩产能这场攻坚战。第四，坚持正确用人导向，引导广大干部真抓实干。各级党委及其组织部门要坚持正确用人导向，以实际行动让干部感受到组织上的公道、公平、公正。要严明组织人事纪律，对跑官要官、买官卖官的决不姑息，发现一起查处一起。

习近平总书记还围绕提高领导班子发现和解决自身问题的能力，强调了坚持民主集中制、开展批评和自我批评、严格党内生活、加强党性原则基础上的团结四个问题。贯彻民主集中制，要从干部和机制两方面努力。对每个领导干部，都要加强民主集中制的教育培训，使大家熟悉民主集中制的规矩，懂得民主集中制的方法。批评和自我批评是一剂良药，是对同志、对自己的真正爱护。开展批评和自我批评需要勇气和党性，不能把我们防身治病的武器给丢掉了。忠言逆耳，良药苦口。对批评和自我批评，不能持有偏见，也不能心有余悸，而要本着对自己、对同志、对班子、对党高度负责的精神，大胆使用，经常使用，使之越用越灵、越用越有效。党性是党员干部立身、立业、立言、立德的基石，必须在严格的党内生活锻炼中不断增强。要增强党内生活的政治性、原则性、战斗性，使各种方式的党内生活都有实质性内容，都能有针对性地解决问题，坚决反对党内生活随意化、平淡化倾向，坚决反对党内生活中的自由主义、好人主义。团结是全党的大事。领导干部在一个班子里共事，要心往一处想、劲往一处使，大事讲原则、小事讲风格、勤沟通、多补台，一把尺子待人、一个标准行事，在党性原则基础上，不断增强能够掏心见胆、并肩奋斗的真正的团结，而不能搞那种表面一团和气、实际上相互较劲设防的虚假团结。习近平总书记指出，提高领导班子发现和解决自身问题的能力，是为了建设坚强有力的领导班子，让班子成员心情舒畅地开展工作，把心思和精力更好地集中到干事创业上。要鼓励大胆探索、勤勉敬业，允许工作失误。不能求全责备，一有失误就加以责难，这样会挫伤干部敢于担当、勤奋工作的积极性。决不能出现干多干少一个样、干好干坏一个样、干与不干一个样甚至比不干更得利的导向。

第四次视察河北。2016年7月，习近平总书记在唐山抗震救灾和新唐山建设40年之际，在唐山考察时强调指出，同自然灾害抗争是人类生存发展的永恒课题。要更加自觉地处理好人与自然的关系，正确处理防灾减灾救灾和经济社会发展的关系，不断从抵御各种自然灾害的实践中总结经验，落实责任、完善体系、整合资源、统筹力量，提高全民防灾抗灾意识，全面提高国家综合防灾减灾救灾能力。在唐山市祥富里社区考察时，他指出，社区是党和政府联系、服务居民群众的"最后一公里"，要健全社区管理和服务体制，整合各种资源，增强社区公共服务能力。社区工作要时时处处贯彻党的宗旨，让党的旗帜在社区群众心目中高高飘扬，让社区广大党员在服务群众中充分发挥作用、展示良好形象。①

第五次视察河北。2017年1月，习近平总书记到河北省张家口市，看望慰问基层干部群众，考察脱贫攻坚工作和北京冬奥会筹办工作。他指出，打好脱贫攻坚战，不能眉毛胡子一把抓，而要下好"精准"这盘棋，做到扶贫对象精准、扶贫产业精准、扶贫方式精准、扶贫成效精准。要把扶贫开发、现代农业发展、美丽乡村建设有机结合起来，实现农民富、农业强、农村美。他指出，去产能特别是去钢铁产能，是河北推进供给侧结构性改革的重头戏、硬骨头，也是河北调整优化产业结构、培育经济增长新动能的关键之策。要确保落后产能应去尽去，"僵尸企业"应退尽退。他指出，筹办2022年北京冬奥会，是国家的一件大事，要坚持绿色办奥、共享办奥、开放办奥、廉洁办奥，全面落实我们的承诺，确保把本届冬奥会办成

---

① 《落实责任完善体系整合资源统筹力量　全面提高国家综合防灾减灾救灾能力》，《光明日报》2016年7月29日。

一届精彩、非凡、卓越的奥运盛会。①

第六次视察河北。2017年2月，习近平总书记从中南海出发，驱车100多公里，专程到河北省安新县实地察看规划新区核心区概貌。他指出，规划建设雄安新区是具有重大历史意义的战略选择，是疏解北京非首都功能、推进京津冀协同发展的历史性工程。②

第七次视察河北。2019年1月，习近平总书记考察河北雄安新区，深入河北雄安新区、天津、北京，实地了解京津冀协同发展情况。16日上午，习近平总书记到河北雄安新区规划展示中心，仔细听取新区总体规划、政策体系及建设情况介绍，察看启动区城市设计征集成果模型和即将启动的重大工程、重点项目展示，他强调，建设雄安新区是千年大计，新区首先就要新在规划、建设的理念上，要体现出前瞻性、引领性。要全面贯彻新发展理念，坚持高质量发展要求，努力创造新时代高质量发展的标杆。在政务服务中心，习近平总书记指出，要运用现代信息技术，推进政务信息联通共用，提高政务服务信息化、智能化、精准化、便利化水平，让群众少跑腿。他强调，建设雄安新区，需要大批企业共同参与。无论是国有企业还是民营企业，无论是本地企业还是北京企业，无论是中国企业还是外资企业，只要符合新区产业发展规划，我们都欢迎。18日上午，习近平总书记主持召开京津冀协同发展座谈会，他强调，京津冀协同发展是一个系统工程，不可能一蹴而就，要做好长期作战的思想准备。过去的5年，京津冀协同发展总体上处于谋思路、打基础、寻突破的阶段，当前和今后一个时期进

---

① 《祝伟大祖国更加繁荣昌盛　祝各族人民更加幸福安康》，《光明日报》2017年1月25日。

② 《千年大计　国家大事》，《光明日报》2017年4月14日。

入到滚石上山、爬坡过坎、攻坚克难的关键阶段，需要下更大气力推进工作。他对推动京津冀协同发展提出了6个方面的要求。第一，紧紧抓住"牛鼻子"不放松，积极稳妥有序疏解北京非首都功能。要更加讲究方式方法，坚持严控增量和疏解存量相结合，内部功能重组和向外疏解转移双向发力，稳妥有序推进实施。要发挥市场机制作用，采取市场化、法治化手段，制定有针对性的引导政策，同雄安新区、北京城市副中心形成合力。要立足北京"四个中心"功能定位，不断优化提升首都核心功能。第二，保持历史耐心和战略定力，高质量高标准推动雄安新区规划建设。要把设计成果充分吸收体现到控制性详细规划中，保持规划的严肃性和约束性，用法律法规确保一张蓝图干到底。要打造一批承接北京非首都功能疏解的标志性工程项目，新开工建设一批交通、水利、公共服务等重大基础配套设施，让社会各界和新区百姓看到变化。要建设一支政治过硬、专业过硬、能吃苦、富有开拓创新精神的干部队伍，加强党风廉政建设，营造风清气正的良好环境。第三，以北京市级机关搬迁为契机，高质量推动北京城市副中心规划建设。要充分考虑搬迁过程中可能遇到的各种情况，研究出台具有针对性和可操作性的政策举措，解决干部职工的后顾之忧。要加快重大基础设施建设，配置教育、医疗、文化等公共服务功能，提高副中心的承载力和吸引力。要推进北京中心城区"老城重组"，优化北京空间布局和经济结构，提升北京市行政管理效率和为中央政务服务的职能。第四，向改革创新要动力，发挥引领高质量发展的重要动力源作用。要集聚和利用高端创新资源，积极开展重大科技项目研发合作，打造我国自主创新的重要源头和原始创新的主要策源地。要立足于推进人流、物流、信息流等要素市场一体化，推动交通一体化。要破除制约协同发展的行政壁垒和体制机制障碍，构建促进协同发展、高质量发展的制度保障。第五，坚持绿水青山就是金山银山的理念，强化生态环境联建联防联治。要增加清洁能源供应，调整能源消费结构，持之以恒推进京津冀地区生态建设，加快形成节约资源和保护环境的空间格局、产业结构、生产方式、生活方式。第六，坚持以人民为中心，促进基本公共服务共建共享。要着力解决百姓关心、涉及切身利益的热点难点问题，优化教育医疗资源布局。要加大力度推进河北省贫困地区脱贫攻坚工作，发挥好京津对口帮扶机制的作用，确保2020年京津冀地区贫困县全部摘帽。要坚持就业优先，做好当地百姓就业这篇文章。①

第八次视察河北。2021年1月，习近平总书记乘火车沿京张高铁抵达河北省张家口市，考察京张高铁太子城站、国家跳台滑雪中心、国家冬季两项中心，看望慰问运动员、教练员和张家口赛区运行保障团队、建设者代表。

第九次视察河北。2021年8月23日，习近平总书记在河北承德考察。考察塞罕坝机械林场、承德避暑山庄和普宁寺。他指出，"只有中国共产党才能实现中华民族的大团结，只有中国特色社会主义才能凝聚各民族、发展各民族、繁荣各民族"，要"不断巩固和发展平等团结互助和谐的社会主义民族关系"，"促进宗教更好顺应社会、服务社会、履行社会责任"。②总书记的重要讲话和重要指示，为做好新时代党的民族宗教工作指明了前进方向，提供了根本遵循。

---

① 《稳扎稳打勇于担当敢于创新善作善成 推动京津冀协同发展取得新的更大进展》，《光明日报》2019年1月19日。
② 《贯彻新发展理念弘扬塞罕坝精神 努力完成全年经济社会发展主要目标任务》，《光明日报》2021年8月26日。

习近平总书记在党的十八大之后九次视察河北，发表重要讲话，作出重要指示，重要指示涵盖了扶贫、党建、经济转型、灾害治理、民族宗教、京津冀协同发展、雄安新区建设、冬奥会等诸多方面。一花一世界，解剖一个省，背后是一个国。习近平总书记对河北知之深、爱之切，许多重要指示不仅是为河北的发展把舵定向，而且立足河北、布局全国、着眼具体、放眼战略，给我们在新时代奋力发展，推动河北高质量发展提供了根本遵循、行动指南和强大动力。作为河北人，更应该努力学习研究包含在重要讲话中的新思想新理念，并把新思想新理念落实到工作中，落实到首都"护城河"的治理当中去。

3. 用习近平新时代中国特色社会主义思想破解河北现实问题

改革开放以来，尤其是进入新时代以来，河北的发展取得了一些成绩，但也积累了很多问题，政治生态、自然生态、营商环境等方面有许多不尽如人意的地方，这些既是河北经济社会发展的短板，也是河北承接北京非首都功能需要破解的难点。各级领导干部要认真掌握、深入研究习近平新时代中国特色社会主义思想、习近平总书记关于河北的重要指示中包含的方法论，掌握战略思维、系统思维、历史思维、辩证思维、底线思维，落实五大发展理念，充分发挥智库作用，着重研究建立经济强省、美丽河北中的实际问题，从习近平新时代中国特色社会主义思想中找答案，求真解，制定落实中央和省发展战略的具体方案，力争加快发展，走在前列。

以战略思维谋划河北发展。比如关于扶贫。习近平总书记在河北阜平发出了扶贫动员令，最先提出"坚定信心、找对路子"，最先提出"农村要发展，农民要致富，关键靠支部"。

2016年7月，习近平总书记在银川主持召开东西部扶贫协作座谈会并发表重要讲话之后，北京市确定对口帮扶河北16个县，其中有15个国家级贫困县；天津市对口帮扶承德5个国家级贫困县。这是一种以一域谋全局，以全局统一域的战略思维方法，也是推动河北发展的重要方法，河北发展既要立足河北，从河北实际情况出发，又要跳出河北看河北、发展河北。

以系统思维方法推动河北工作，比如关于生态污染与经济转型。河北曾一度空气污染非常严重，污染最严重的十座城市中有七座来自河北。但实际上，空气污染治理的另一面是经济转型问题。习近平总书记在河北强调，全国重点监测的74个城市中，污染最严重的10个城市河北占7个。不能过了若干年，什么变化也没有，或者变化不大，那就无法向历史和人民交代了。要给你们去掉紧箍咒，生产总值即便滑到第七、第八位了，但在绿色发展方面搞上去了，在治理大气污染、解决雾霾方面作出贡献了，那就可以挂红花、当英雄。在这里，习近平总书记是把治理环境污染与经济转型、发展方式转变、政绩考核等结合起来考虑。这就是系统思维方法。

以系统思维、战略思维指导首都"护城河"建设。在首都"护城河"治理中，河北省更是应当以系统思维、战略思维来指导。比如，要把河北与北京结成一个社会治理共同体，共同维护首都安全，要从首都安全、国家安全的战略全局思考、布局首都"护城河"治理。正如习近平总书记强调的那样：首都的安全稳定在全国社会稳定大局中具有特殊的重要意义，首都稳、全国稳。河北，更要深刻领会、认真落实总书记的这一重要论述。看北京，要从政治上看。从政治上看，就是从战略上看，从大局上看，从长远看；从政治上看，北京就是心脏，就是头脑，就是重中之重，其重要性怎么形容都不为过。这是由它在国家这个大系统、大战略中的重要地位决定的。

三 结合河北省情，做好民族宗教工作

河北是民族宗教工作大省，做好民族宗教工作事关全局，意义重大。河北的民族宗教问题历来形势复杂、斗争严峻。民族宗教问题既是河北不稳定的根源之一，也是影响首都安全的重要隐患。为此，我们要全面落实党的民族宗教政策，结合河北民族宗教省情，进行伟大斗争，开创河北民族宗教工作新局面。

（一）加强民族团结，凝聚各民族力量

河北在历史上是民族争战、融合、杂居的地区，现在也仍然是民族宗教问题比较复杂的省份。河北省有55个少数民族成分，少数民族人口285万，在全国居第9位，占全省总人口的4.22%。世居的少数民族有满族、回族、蒙古族和朝鲜族，其中满族人口最多，为204万，回族58万，蒙古族16万，朝鲜族近1万。有6个自治县、2个民族县、55个民族乡、1390个民族村。河北省少数民族大分散小聚居，聚居地多是较为贫困落后的"山老边穷"地区，自然条件差，生产力水平低。

1. 坚持党的领导

2021年8月23—24日，习近平总书记在河北承德考察时指出："只有中国共产党才能实现中华民族的大团结，只有中国特色社会主义才能凝聚各民族、发展各民族、繁荣各民族"，"不断巩固和发展平等团结互助和谐的社会主义民族关系"，

"促进宗教更好顺应社会、服务社会、履行社会责任"。① 党的领导是民族发展繁荣的根本保证。

中国是统一的多民族国家,民族团结是各族人民的生命线,只有坚持中国共产党的领导,各族人民才能团结一致,凝聚中国力量。我们党历来高度重视民族问题民族工作,也只有我们党成功地解决了民族问题,实现了多民族的团结。在我们党的正确领导下,新中国成立70多年以来,少数民族的面貌、民族地区的面貌、民族关系的面貌、中华民族的面貌发生了令人欣喜的变化,所以,中国共产党的领导是民族工作成功的根本保证。在新时代,只有增强"四个意识",坚定"四个自信",坚决做到"两个维护",不断提高政治判断力、政治领悟力,把党的领导贯穿民族工作的全过程,才能确保民族工作在正确道路上运行,才能实现民族的团结与繁荣。

2. 坚持民族区域自治制度

解决河北的民族问题,最重要的是要坚持民族区域自治制度。河北历来坚持贯彻和落实民族区域自治制度,坚持把加快少数民族地区经济社会发展作为民族团结进步事业的重要内容。注重发挥民族地区的特色,尊重民族地区群众的选择,尊重民族地区群众的风俗习惯,在民族地区大力发展文化旅游、现代农业、生物医药、新能源等产业,推动各族群众增收致富,推进民族地区经济社会高质量发展。

河北除了做好自己本省的民族工作之外,还要做好新时代对口支援新疆、西藏工作,加大政策、资金、项目支持力度,

---

① 参见《贯彻新发展理念弘扬塞罕坝精神 努力完成全年经济社会发展主要目标任务》,《光明日报》2021年8月26日。

为新疆、西藏繁荣稳定贡献河北力量。

（二）提升宗教领域治理体系和治理能力现代化水平

河北省是宗教大省，有中国本土的佛教、道教，也有从外土传来的伊斯兰教、天主教、基督教。由于历史、文化和地域的因素，河北宗教呈现出四个主要特点①，一是信教人数多，全省信教群众 300 多万，占全省总人口的 4.2%，其中天主教群众近 100 万人，居全国第一位。二是宗教历史悠久。河北是道教重要发祥地之一，也是佛教和基督教传入中国最早的地区之一，宗教历史遗存较多，宗教文化资源丰富。三是天主教问题复杂。河北天主教传入早、信徒多、堂点多、头面人物多，由于受历史因素及境外宗教势力影响，天主教问题异常复杂。四是抵御渗透任务繁重。由于河北地处京畿要地，是北京的护城河，境外宗教势力争相打着开办公司、创办学校等旗号，妄图在此安营扎寨。党的十九大以来，河北坚持保护合法、制止非法、遏制极端、抵御渗透、打击犯罪的原则，深化宗教治理，加强对合法宗教活动场所的规范管理，河北省宗教工作和宗教面貌发生了深刻变化。

1. 依法保护合法宗教活动

国家依法保护正常的宗教活动，积极引导宗教与社会主义社会相适应。有合法的宗教场所，由合法的宗教教职人员主持，宗教活动内容和程序合法，是合法宗教活动的三个要件，缺乏任何一项合法宗教活动要件的宗教活动都是非法宗教

---

① 时江玲：《新形势下河北宗教健康发展路径浅析》，《天津市社会主义学院学报》2016 年第 9 期。

活动。

严格管理与依法保护是一个问题的两个方面。2021年1月20日，河北省藁城小果庄村暴发了新冠肺炎疫情，国务院副总理孙春兰强调，要汲取宗教活动导致疫情传播的教训，暂停宗教场所、聚会点聚焦性宗教活动。是对宗教严格管理的具体表现。

河北在宗教治理中，始终坚持党的宗教工作基本方针，坚持我国宗教的中国化方向，积极引导宗教与社会主义相适应。坚持独立自主自办原则，全面贯彻党的宗教信仰自由政策，弘扬爱国爱教优良传统，促进宗教更好顺应社会、服务社会、履行社会责任。善于用法治思维和法治方式防范风险、处理问题、化解矛盾，不断提升宗教工作制度化、法治化水平。

2. 依法治理河北农村非法宗教和邪教

我们党有宗教信仰自由政策，但我们一定要严格区分合法宗教活动、非法宗教活动以及邪教活动。非法宗教活动和邪教往往打着宗教的旗号哄骗不明真相的群众，群众可能会由于信仰缺失、心灵空虚而"病"急乱投医。非法宗教活动的危害[①]是巨大的，是多方面的，受伤的是群众。从一些流出的照片中，我们看到全村的孩子周末时都在教堂，这种该在学堂的孩子在教堂的现象值得引起有关部门的重视，对未成年人如何进行科学的引导、思想启蒙与教育是一个值得关注的话题。

此外，还要防止非法宗教活动和邪教打着宗教的旗号破坏社会安全、国家安全。宗教一直以来都是西方国家干涉、控制、渗

---

① 参见王绍祥《新时期河北农村非法宗教活动治理研究》，硕士学位论文，中国人民公安大学，2019年。

透其他国家的重要手段之一，我国农村地区宗教势力复杂，农民文化水平相对偏低，为西方国家对我国进行宗教干涉提供了土壤，处理好农村非法宗教问题，对于维护社会稳定和国家安全具有重要意义。境外宗教组织对我国渗透也是不断加剧，河北省环抱京津，地理位置重要而特殊，宗教界抵御渗透的任务异常艰巨。许多境外基督教组织打着投资办厂、教育培训等旗号，在河北发展教徒，培植骨干，破坏正常的宗教秩序。因此，爱国宗教团体要提高警惕，提升抵御渗透意识，关键时刻要旗帜鲜明地维护国家利益，民族整体利益，在反对暴力恐怖势力、极端势力、民族分裂势力上，更要带领广大信教群众共同筑起铜墙铁壁，切实维护社会稳定、民族团结和国家安全。我们要特别针对敌对势力利用宗教、民间信仰在河北广大农村地区推行的"松土工程""断桥工程"，以及在大学校园中实施的"金字塔工程"，综合运用政治、经济、法律、舆论手段，敢于斗争，善于斗争，提高群众的辨别能力，引导群众坚定信心跟党走，让挑拨党群、干群、军政、军民关系的恶劣行为无处遁形；夯实党的群众基础，密切党群、干群血肉联系，避免河北成为反动势力渗透的温床和基地。

　　近年来，河北省委、省政府高度重视宗教工作，全面贯彻落实党的宗教工作基本方针，按照扶正祛邪、强基固本的工作思路，着重在"导"字上下功夫，有力地促进了宗教与社会主义社会相适应。但是，宗教领域人才缺乏，思想建设落后等传统问题仍然存在，面对国际国内形势出现的一些新变化，一些新的问题和挑战也亟待正视和解决。因此，加强无神论教育、倡导科学文化风尚，树立正确宗教观，是一项重要的工作。

第三章

以经济强省建设助力首都经济持久繁荣安全

我们经常形象地把首都北京比喻成祖国的心脏，那么河北就是坚实的胸膛；胸膛足够结实，保护带足够坚硬、坚实、坚韧，才可以更好地保护心脏。所以，河北只有做得更强、做得更壮、做得更精，自身实力足够硬，才能更好地担当首都护城河的大任。2021年11月召开的中国共产党河北省第十次代表大会明确提出"加快建设共同富裕、普惠共享的现代化河北"的目标，为河北指明了方向。

一 打造环首都共同富裕圈

共同富裕是新时代主题，是社会主义现代强国的题中之义。曾经的河北周边存在着一个"环首都贫困带"，如今，随着脱贫攻坚任务的全面完成和全面建成小康社会任务的完成，"环首都贫困带"已完成脱贫任务，与全国人民一道进入共同富裕的快车道，但是，如何打造环首都共同富裕带，确保首都持久繁荣安全稳定，对于河北来讲，是一个值得思考的课题。

（一）巩固脱贫成果，推进共同富裕

1. 注重防返贫

对于河北北部张承地区一些自然条件恶劣的困难地方来说，虽然已经脱贫，但是还是非常脆弱，所以，要把防返贫做为重点工作。

防返贫，首先要做好人的工作，就是要解决贫困户的思想问题。有些贫困户脱贫了，也一心想戴着贫困户的帽子，不想摘，想一直靠着国家和政府。这种等靠要的思想，应该通过乡村振兴中的文化振兴来解决。

关心贫困地区农民的健康问题，防止因病返贫。张家口坝上地区风大、缺水，许多贫困户都患有风湿类疾病。应该想办法解决居住环境，让空心村的村民搬到更宜居的地方去住。把腾出来的地方，集中起来，搞风力发电、太阳能发电、旅游开发。河北东南部的馆陶县帮助贫困户家家户户种艾草，一边增加收入，一边驱病健身，是一个防止因病返贫的好做法。

防返贫，根本上要发展集体经济。发展壮大集体经济是巩固脱贫攻坚成果、实现乡村振兴，助力农村可持续发展的支柱。党的十九大报告明确指出，要深化农村集体产权制度改革，保障农民财产权益，壮大集体经济。习近平总书记还指出，要把好乡村振兴战略的政治方向，坚持农村土地集体所有制性质，发展新型集体经济，走共同富裕道路。[①] 这些论述为新时代发展壮大农村集体经济提供了重要指针。村集体要发挥农村经济管理职能。村集体经济的发展是拔掉农村穷根的关键

---

① 《习近平谈治国理政》第 3 卷，外文出版社 2020 年版，第 261 页。

一着。发展村集体经济首先要有一个好的带头人,村支部书记、村主任应该也是致富的带头人,而且不能仅是个人致富能手,更应该是带领全村致富的"带头大哥"。"环首都贫困带"过去是贫困地区、贫困县贫困村比较集中的地方,但特殊的区位既是劣势,同时也是优势。土地、山林、水面等是宝贵的农民集体所有的资源,是发展村集体经济的最大经济优势,因此,要告别捧着金饭碗讨饭吃的贫困思维,其中的关键问题是要选靠得住、爱农业、爱农民、懂技术、会经营、会管理的人,找准有市场前景的产业,将资源变为资产、资本,既可以促进集体经济发展,又能为农民提供好的就业岗位,还能为集体带来丰厚而稳定的利益,既避免造成宝贵资源的浪费,还可以依托旅游业、民宿、健康养生养老产业的发展,保证美丽经济的可持续发展。此外,农村地域广阔,各个村单个发展,能力有限,可以走以强带弱、强强联合式的发展路子。总之,如何结合区位条件和资源禀赋,找准自己的特色,是集体经济发展的必由之路。

2. 根治"环首都贫困带",共享安全红利

加大财政投入,提供公共产品,加强基础设施建设,以乡村振兴和城镇化消除贫困。比如,涞水可以以"特色小镇+特色产业+特色旅游"的方式走具有县域特色的发展之路。阜平等革命老区,开发红色旅游资源,带动特色产业发展。张承地区要加大生态保护力度,利用当地的"好风好光好风光",重点发展风力发电、光伏发电、观光旅游、康养产业,发展高科技"滴灌"式节水农业,提高农民收入。"环首都贫困带"脱贫攻坚任务已经完成,接下来需要考虑的是如何打造困难地区、困难村长效发展机制,更好地巩固提升脱贫成果。

深入系统挖掘梳理困难地区的旅游资源。其实，偏远地区的落后，从辩证的角度看，也正是它的优势，比如，张承地区的风力发电、太阳能发电、旅游资源都是待开发的"富矿"资源，只是没有很好地挖掘。一日游，多日游，与北京联合游，旅游线路、旅游资源整合、宣传不够，旅游管理部门有必要进行资源调研摸底，整合各种旅游线路。人们对于困难地区旅游资源的认识只是一个概念，比如对于承德，一提起承德就联想到避暑山庄，除了这些知名的景点之外，每个县、每个村都有自己的特点，但是，细节做得不够，要加大旅游资源的宣传力度，大力发展环首都旅游业。结合内循环，发展体验式农业旅游业，比如体验式"采蘑菇""摇蜂蜜""摘山果"等。还要大力发展农村电商，有的扶贫工作者在驻村扶贫调研过程中发现，电商在一些偏远的农村普及率并不高，其原因与物流有关，村子里没有快递点，村民要取快递，需要跑到几十里外的乡（镇）；同样，缺乏电商，农民的一些特色产品出不了村、出不了山。因此，要进一步提高乡级道路的质量，加强农村地区基础设施配套，提高村与村路通、网通程度，加快物流业发展，而物流业的发展还会带动和刺激相关产业的发展。

（二）提高河北社会保障水平

共同富裕不仅指河北自身富裕，还要与北京实现共同富裕，要把河北的富裕放到京津冀协同发展、共同富裕的大背景下，其中很关键的一点就是要解决京津冀之间的收入水平、社会保障水平的断崖式落差。习近平总书记曾形象地比喻，北京、天津周边的贫困地区，就像穿貂皮大袄上面补了两个大补丁，看着太扎眼。北京与河北之间的经济发展水平、工资收入水平、社会保障水平之间落差巨大，这是影响京津冀协同发展，也是影响河北承接北京非首都功能的障碍，邻近北京周边的河北居民普遍反映，虽然与北京居民隔着一条街或一条河，比邻而居，收入和各项保障待遇却是冰火两重天。

根据2020年养老保险数据，城乡居民基本养老保险月人均养老金在北京为919.0元，天津为453.6元，河北只有124.5元。与北京一山之隔，一河之隔，在丰宁当村支书年收入约2万元，在北京当村支书年收入10万元左右。养老保险收入在丰宁困难村只有1000元多一点，在北京却有7000元左右。

根据北京市国民经济和社会发展统计公报数据，2021年，北京市居民人均可支配收入为75002元，城镇和农村居民人均可支配收入为分别为81518元和33303元。河北省居民人均可支配收入29383元，城镇和农村居民人均可支配收入分别为39791元和18179元。河北省居民收入远低于北京水平，而且还低于全国居民收入平均水平，河北省要实现与全国、与北京共同富裕还有较长的路要走。

2021年，北京市居民人均消费支出为43640元，城镇和农村居民人均消费支出分别为46776元和23574元，居民恩格尔系数为21.3%。河北省居民人均消费支出为19954元，城镇和农村居民人均消费支出分别为24192元和15391元，居民恩格尔系数为28.3%，河北省居民消费水平仍然低于全国和北京市，用于食品支出的比例较高，反映出河北省富裕程度较低。

建议加快京津冀协同发展，努力缩小收入差距，提高河北居民保障水平，消除河北民众心理不平衡，消除不安定因素。通过多种分配方式，缩小贫富差距。提高农村基本公共服务水平，缩小城乡差距。

二 抓住历史机遇，融入首都经济圈

京津冀协同发展、雄安新区建设、冬奥会是河北发展面临的三个重大历史机遇，也是河北融入首都经济圈、当好首都"护城河"必须利用好的三个大好时机。

（一）以京津冀协同发展战略为契机，承接非首都功能

习近平总书记强调，要坚持和强化首都核心功能，调整和弱化不适宜首都的功能，把一些功能转移到河北、天津去，这就是大禹治水的道理。河北的任务是，努力提升水平，尽快补上短板，向北京高水平看齐，使自己有能力承接北京转移过来的产业、功能、人口、人才、市场。

1. 北京的定位与河北的错位和借位

河北要想实现与首都北京的错位与借位，就首先要弄清楚并深刻理解北京的定位。

由于缺乏社会主义现代化建设的经验，北京的定位，自新中国成立之后随着各个历史时期的发展，进行了较长时期的探索。新中国成立后，北京从初期的消费城市变为工业城市，到1993年北京市的性质明确为"全国的政治中心和文化中心"，但是实际上，北京在进行一轮又一轮的膨胀与扩张，20世纪80年代就开始了"面多了加水、水多了加面"的摊大饼式的发展，城市建设以旧城为中心，向外无节制地低效蔓延，这也导致了北京的城市病严重。2011年北京被国家重新定位为"国家首都、文化名城、宜居城市"，并没有再提及经济中心。

2011年全国两会上，在时任国务院总理温家宝的政府工作报告中，"京津冀都市圈"的概念被"首都经济圈"的概念取而代之。在国家"十二五"规划中，与此相关的表述是"推进京津冀区域经济一体化发展，打造首都经济圈，推进河北沿海地区发展"。

北京的定位在摸索中变化，河北既要跟上北京定位的变化，但同时也并没有过多纠结于此，而是从自身做起开始过河，在与首都协同发展方面做出了一系列自身的努力。2010年9月，河北提出"环首都经济圈"概念，2010年12月13日，河北省政府办公厅下发了河北省环首都经济圈规划编制工作方案的通知，要求借鉴长三角、东京、首尔等国内外城市发展的经验和教训，综合论证与北京经济一体化的必要性和重要性，准确把握环首都经济圈的发展态势和趋势，构筑与首都相协调的功能完善、结构合理的产业空间布局、城镇职能体系。其规划范围，包括承德、张家口、廊坊和保定市。

在2011年3月的全国两会上，首都经济圈的概念出炉，河北提出的环首都经济圈，对首都经济圈不但毫无僭越，无缝对接，更加上绿色二字，变成"环首都绿色经济圈"，是首都人民的后花园。很快，河北围绕北京地区布局了一大批产业基地，包括三大高端装备制造业基地、三大新能源汽车基地、四大电子信息产业基地、六大新材料基地、九大新能源基地和九大生物工程基地。这些基地分布在固安工业园区、大厂潮白河工业区等环绕北京的14个县市的工业园区内。

首都经济圈，顾名思义，是以首都为中心形成的区域合作经济，包括首都经济所覆盖的所有空间范围。狭义的环首都经济圈包括廊坊、张家口、承德、保定4个地级市以及涿州等13个县级市。广义的环首都经济圈包括以首都为中心，向外辐射，包括天津、整个河北和其他一些相关省份在内的大圈。也有人使用内圈、中圈、大圈的概念，即以首都北京为中心的单核式经济圈，称内圈；以北京市、天津市及其周边保定、廊坊、张家口等城市形成的双核式经济圈，称中圈；以山西北部、内蒙古中部形成的环渤海经济圈，称大圈。本课题考察的首都经济圈以河北为着眼点，多指中圈，有时也涉及大圈和内圈。

从以上历史梳理中，可以看出，在与首都发展对接的战略方面，河北是有所思考、有所行动，也有所作为的。直到2014年，京津冀协同发展战略出台，河北才真正定位为承接北京的非首都职能。河北这时真的应该抓住机遇，树立系统观念与市场意识，在首都经济圈建设中，明确自己的定位，当好经济圈意义上的"护城河"。

承接非首都产业。京津冀协同发展是一项伟大的系统工程，核心工作是疏解北京非首都功能，其中主要任务是产业转移，即把北京一些不属于首都功能的产业和功能向河北省和天津市合理有序地进行转移。河北省应该把握北京产业转移带来的机遇，使自身产业结构优化升华，同时也要正确对待北京产业转移过程中的挑战，不断提升自身实力，促进区域经济又好又快发展。河北还要结合自身省情，在本省大力发展文化旅游、现代农业、生物医药、新能源、康养、养老等产业，与首都北京对接、互补，争取在疏解北京非首都功能、推动京津冀协同发展方面取得新成效。河北从完善政策、健全机制做起，增强疏解北京非首都功能的内生动力，坚持高质量高标准，规划建设好北京新的两翼，抓好跨区域重大轨道交通等基础设施建设，为疏解北京非首都功能创造优良条件。

世界都市圈发展的重要经验之一就是错位发展。从世界城市群的发展规律看,核心城市与卫星城市在经济发展与区域稳定上都有一定的社会分工。日本东京都市圈、法国巴黎都市圈、韩国首尔都市圈都是通过核心区和卫星城之间的分工合作形成区域整体竞争力,有效地保持了都市圈的安全稳定。日本东京都市圈、法国巴黎都市圈、韩国首尔都市圈都是从 20 世纪 50、60 年代开始规划并逐渐发展成熟的,通过几十年的发展,都形成了明显的区域职能分工体系,首都核心区及卫星城都是通过城市间分工合作、优势互补,充分发挥了整体集聚优势,实现了城市间的良性互动,形成区域整体竞争力。河北省在产业布局方面要避免与北京、天津的低水平重复竞争,避免产业同质化,要实行产业的错位发展、互补发展,增强整体经济实力,为巩固脱贫成果提供物质基础。比如抓住北京市鼓励京籍老人到河北养老的机遇,在首都周边地区布局并完善河北省的养老服务体系,提高服务质量,带动其他相关产业发展。总之,与北京的关系要变朴素竞争为自觉错位发展、借位发展。

在全球正在形成紧密的人类命运共同体的今天,我们要以开阔的视野,着眼于世界级城市群的发展规律和首都(经济)圈的国际经验,进行中外比较与借鉴,破解现有"护城河"治理的困境,建立共享型"护城河"机制,更好地发挥河北省首都"护城河"作用。

2. 实现北京助力与河北借力的有机统一

其实,早在 1982 年,北京市第一次做城市规划的时候,就提出过首都经济圈的概念,但实际上学者的目光也更多地落到了京津两大直辖市的较量与融合上。而当前看来,首都经济圈,如果没有河北的参与与崛起,一定是不完整的。

首都经济圈，一是以首都为中心，利用首都先进的经济资源、科学技术资源、人力资源，发挥出首都的区域优势、行政优势。二是首都经济圈要以为我国在经济全球化竞争中建立优势为目的，展现出首都经济圈的巨大潜力，使首都尽可能发挥出其具有的政治、文化、交流、治理中心的作用。三是首都经济圈要尽可能为圈内各个独立成员间发展中存在的问题提供合理有效的解决方案，最大程度促进区域经济一体化的发展。

首都北京要在资金、政策方面发挥自身的独特优势。比如，区域一体化需要强大的资金支持，在欧盟就有一笔数目可观的地区发展基金，协调和促进各国落后地区的发展[①]。鲁尔区的传统产业结构被迫转型，在转型的过程中，公共管理和公共政策发挥了重要的作用，成为世界传统产业结构成功转型的典范，德国政府在转型过程中起到了重要作用。[②]

首都北京要发挥中心城市引领作用，形成大中小城市协调发展的城市体系。中心城市在其特定的空间范围内与周边城市以及经济腹地间存在着紧密的经济联系，表现为人口流、物质流、技术流、资金流、信息流等各种经济要素在空间上的流动。这些各种各样的流以集聚和扩散两种基本运行形式使中心城市成为巨大的"磁场"。中心城市通过集聚功能，吸引周边地区的人口、资金等生产要素；通过扩散功能，将城市的物质产品和精神产品对外传播。[③] 周边地区城市化的不足，社交和文化生活的缺乏会抑制人们的需求，进而会制约中心城市的发展。城市化水平低，生活在农村的人过多，必然会制约工业化和现代化的发展进程。城市化水平的高低和发展速度的快慢，

---

① 肖金成等：《打造中心城市》，中国水利水电出版社2004年版，序言。
② 肖金成等：《打造中心城市》，中国水利水电出版社2004年版，序言。
③ 肖金成等：《打造中心城市》，中国水利水电出版社2004年版，第6页。

最终取决于社会经济的发展。河北在城市化水平和工业化水平方面都落后于北京，而且落差较大，因此，首都北京应当变吸引力为辐射力，变虹吸力为渗透力，充分发挥中心城市的引领、示范、带动作用，带领周边地区，尤其是河北的城市化、工业化水平提高。

  同时，河北要找准自己的优势，借力首都资源、人才、红利外溢，承接北京的非首都功能。河北紧邻燕山山脉，有着较为丰富的石油、天然气、煤等自然资源，河北地处海河流域中下游，有着发达的水资源，河北就业人数4000多万，具有人力资源优势，而且劳动力供给持续增多。总体而言，有发展第三产业、服务业、大健康产业、康养产业、养老产业的天然优势，更可以借力北京的高端医疗卫生资源、教育资源外溢的机会，发展医疗、教育产业。比如，争取知名大学，以分校名义在河北省会石家庄建分校。在商贸物流服务方面，发挥人力资源、地理位置优势和北方小商品市场基础，大力发展仓储物流、快递业。再比如，河北旅游资源丰富，从文化旅游类型来分，包括古国文化、燕赵文化、游牧文化、皇城及陵寝文化、红色文化、工业文化等。总之，传统文化旅游资源、红色革命文化旅游资源、绿色自然地貌风情，都非常丰富，但是缺乏有效开发、规划、盘点、激活。可以借力首都北京，搞京冀旅游一体化、京郊游、京冀游，盘活旅游资源。

  河北还要以交通网络为依托，建好首都卫星城，助力首都经济圈发展。"都城又不同于一般的城市，它是全国的政治、文化中心。为了担当联络全国的重任，各国都城的周围经常形成一个辅助城市群，现代城市学研究称之为'首都圈'。"[①] 河

[①] 王玲：《北京与周围城市关系史》，北京燕山出版社2014年版，前言，第3页。

北的保定、张家口、承德、秦皇岛、唐山这五个城市，加上天津，在历史上，已经形成首都圈。在京津冀协同发展的今天，更应该借力首都红利外溢，从人口、产业、资源等要素方面考虑，打造充满活力与张力的卫星城市，形成卫星城与中心城市之间的良性互动，形成卫星城之间的优势互补，进而撬动京津冀世界级城市群的发展。

（二）以雄安新区建设为契机，加快创新驱动

雄安新区本身是创新思维的结晶，也是全方位创新的试验田、领跑者。河北更是应当借助这股创新的东风，实现由落后向先进、由保守向创新的华丽转身。

1. 以雄安新区为引领，做新发展理念践行者

雄安新区规划建设，坚持以习近平新时代中国特色社会主义思想为指导，按照高质量发展的要求，坚持"世界眼光、国际标准、中国特色、高点定位"的要求，打造贯彻落实新发展理念的创新示范区和推动高质量发展的全国样板，已取得重要阶段性成效。

坚持把创新作为第一动力，把新发展理念贯穿新区建设发展全过程，深入实施创新驱动发展战略，吸纳和集聚高端创新要素资源，集中培育高端高新产业，加快构建创新平台，创新高地雏形显现。坚持先行先试、应试尽试，统筹产业链、创新链、人才链、资金链和政策链，推动北京眼神科技有限公司在指纹、虹膜、人脸、指静脉识别和人工智能领域产学研深度融合。开展法定数字货币、金融科技创新监管等试点，推动雄安银行等法人金融机构筹建。建立区块链资金支付系统、财政投资评审系统,率先在全省实现非税收入电子票据全覆盖。"放管服"改革持续深化。累计下放省级行政许可事项344项,一批国家和省级以下层面前置审批事项实现网上申办。创新平台建设实现新突破。加快发展高端高新产业,制定围绕产业链布局创新链实施方案,区块链、新一代信息网络等实验室和稀土功能材料制造创新中心挂牌成立,河北省地热能循环梯级利用技术创新中心、河北省生物降解高分子膜技术创新中心获批建设,以企业为主体、市场为导向、产学研深度融合的开放型科技创新体系加快形成。示范引领蓄势聚力。2020年,预计研究与试验发展经费投入强度为0.77%,每万名就业人员中研发人员4.0人,战略性新兴产业增加值增速(2019年)达到22.6%。

雄安新区的创新主体实现倍增,科学成果不断涌现。开展"科技成果直通车"系列活动,大力培育市场主体。2020年,高新技术企业90家,比上年增加52家,增长136.8%。创新水平显著提升。在感知设施、泛在无线网络、智能交通、智能政务、地下综合管廊等领域集中引进应用一大批适用技术,发明专利有效量为128件,比上年增加36件,增长39.1%;万人发明专利有效量1.03件,比上年增长28.8%。创新成果加快转化。不断完善技术转移体系和政策保障体系,大力推进科研成果转化和产业化、市场化进程,技术合同成交额达到12.8亿元。

智能城市加快建设。创新全国首例标准体系。推动建立智能城市标准体系,在全国首例发布智能城市建设标准体系框架和15项智能城市标准成果,建立数字化审批、建设、验收管理制度。智能与传统基建融合互动。围绕建设数字城市,将智能设施作为科研评审和项目招投标条件,推动传统基建与新基建"双基建"同步规划、同步建设，数字化道路、智能管廊、数字堤坝、智慧社区等一批新基建项目开工建设，"超算云"中心建设加快推进，块数据平台（一期）、城市物联网平台（一期）具备验收条件。示范项目拓展提速。加快部署5G基站，新区主城区和白洋淀、雄安高铁站等重点场景实现5G信号全覆盖，5G大规模商用全面启动，车路协同、智慧社区、智能家居等示范项目扎实推进，区块链资金支付、电子财政票据等应用场景丰富拓展。

总之，雄安新区是京津冀协同发展战略的重要组成部分。设立雄安新区一为疏解北京的非首都功能，二为推动京津冀协同发展，是千年大计、国家大事，更是河北转型发展的千载难逢的机会。为避免大城市病，雄安新区实行生态立城、人文立城、创新立城；为推动高质量发展，雄安新区实施创新驱动战略，从城市规划、人才引进、产业结构、交通设施、制度建设，无不体现出创新。雄安新区是"创新、协调、绿色、协调、共享"新发展理念的试验区。河北应当以雄安为引领，做践行新发展理念的践行者。

2. 打造北京非首都功能疏解集中承载地取得新进展

京津冀协同发展是一个世纪难题，尤其是京冀之间，悬殊太大，有人形象地讲，京津冀协同发展的核心在于北京控制发展，河北加快建设和发展，说明北京与河北发展差距之巨大，北京已完成了工业化，河北才进入工业化中期，二者的发展根本不在一个层面，不在一个重量级上，有许多产业，河北是没有承接基础和能力的。曹妃甸、渤海新区都是试图促进京津冀协同发展的尝试，但是实践证明，拿一个区来与北京对接是不行的，那就要造一座新城，这个新城就是雄安新区。这个新城是京津冀城市群当中的一极，是撬动河北创新发展的重要支点，它直接对接北京，同时给河北以示范、引领。

雄安新区牢牢把握功能定位，加快北京非首都功能疏解集中承载地建设，强化服务保障，坚持高端高新定位，有力有序有效承接北京非首都功能疏解存量和增量，推动相关合作协议落地落实，城乡、区域、经济和环境协调发展，打造协调发展示范区迈入新阶段。

雄安新区承接疏解有序有力。立足保障疏解项目落地、疏解人群实际需求，围绕土地、住房、户籍、财税、公共服务等重点领域，深化完善疏解配套政策和相关服务，开辟绿色通道，开展全程帮办，优化审批流程，为承接产业转移提供良好环境。疏解项目加快落地。密切跟进在京单位需求，推动中科院雄安创新研究院落地。积极承接北京优质教育医疗资源疏解，有序推进国家医学中心、雄安容东中心医院等项目筹备工作，做好拟疏解驻京高校选址工作，优化大学园等功能片区承接布局，中关村科技园等项目加快推进。北京市支持雄安新区"三校一院"交钥匙项目进展顺利，北海幼儿园、史家小学、北京四中主体结构封顶，雄安宣武医院北京投资部分主体结构加快建设。巩固拓展"央企河北行"活动成果，充分对接有合作意向的央企，形成拟与国家开发银行、航天科工集团、华润集团、中电建、中国建筑设计研究院等签署的27项合作协议。产业转移成效明显。2020年，北京转入的法人单位个数为2171个，主要集中在科学研究和技术服务业、租赁和商务服务业、信息传输软件和信息技术服务业等行业，分别转入法人单位793个、488个、336个。截至2020年年底，在新区本级注册的北京投资企业3021家，占比85.9%，工银科技、金山软件、眼神科技、中证商品指数公司等高端高新企业落户新区。

3. 打造开放发展先行区迸发新活力

坚持把开放作为高质量发展的必由之路，以自贸试验区、跨境电商综合试验区、服务贸易创新试点等为重点，大胆探索、先行先试，积极扩大对内对外开放，瞄准国际一流标准和未来发展方向，窗口示范引领作用显著。

开放高地加快构建。自贸试验区建设多点突破。组建中国（河北）自由贸易试验区雄安片区管理委员会，雄安片区首创的4项案例入选河北自贸试验区首批16项制度创新案例，推进198项涉企经营许可事项清单管理和分类改革入选中山大学发布的"2019—2020年度中国自由贸易试验区制度创新十佳案例"。设立自贸试验区政务服务中心，推进自贸试验区"证照分离"改革全覆盖试点，削减制度性成本，增强企业获得感。推动跨境电子商务综合试验区建设，新区首个跨境电商产业园——朱各庄产业园建成运营，首个跨境电商监管场所加快建设。开放型平台拓展提升。深化服务贸易创新发展试点工作，成功获批国家全面深化服务贸易创新发展试点，农业银行、中国银行、建设银行等国有大型银行已获批在雄安片区设立自贸试验区分支机构。举办"在这里，遇见未来之城"云招商，加快综合保税区项目规划建设，探索"智慧海关"建设，对外开放水平进一步提升。2020年，进出口总值12.3亿元，其中出口总值10.0亿元，进口总值2.3亿元。实际利用外资达到6810万美元。开放环境改善优化。开展新区旅游环境整治提升专项行动，优化提升旅游环境和形象，白洋淀景区旅游厕所全部达到A级，全年接待国内游客120万人次，国内旅游收入3.98亿元。

项目建设高效推进。全面实行会议集体审议决策、建设项目前期工作函、设计方案审查意见函、施工意见登记函"一会三函"制度和函证结合、容缺后补、备案承诺制度，科学谋划和高效推进一批重大项目，形成了塔吊林立、热火朝天的建设局面。投资积蓄发展新势能。2020年，雄安新区域内固定资产投资比上年增长655.2%，明显高于全国（2.9%）、全省（3.2%）。其中基础设施投资增长781.2%，占全部投资比重为51.5%。加快重点片区和重点项目建设，亿元以上在建项目141个，同比增加72个，完成固定资产投资增长672.8%，占全部投资比重为96.9%。亿元以上新开工项目68个，同比增加6个，完成固定资产投资增长126.8%。亿元以上全部投产项目个数11个，同比增加10个。雄安市民服务中心建成投用，容东片区800多栋安置房主体结构封顶，雄安商务服务中心等一大批重点项目加快建设。

窗口作用日益显著。2020年，承办大型国际会议、国际展览数量1个，即第三届河北国际工业设计周，组织各类论坛、展览、对接活动38场，累计吸引现场参与人数达3.8万人次，线上平台参与人数近1200万人次，促成16项重点合作项目签约，活动对接达成初步合作意向300余项。举办首届金芦苇工业设计奖，以设计赋能城市建设和运营，搭建工业设计交流合作的国际平台，征集到来自海内外共8393件设计创新方案，中车唐车的设计产品新型高私密大定员纵向卧铺动车组获最高奖"至尊奖"。成功举办创新创业大赛暨第四届"中国创翼"创业创新大赛雄安新区选拔赛，为中小企业创新创业提供融资支持、商业策划、技术转化等全方位辅导，美荷涂料的域感防控系统等24个参赛项目获奖。

（三）以冬奥会为契机，发展绿色产业

河北应该持续放大冰雪文化效应。习近平总书记在北京会见国际奥委会主席巴赫时指出，我讲绿水青山就是金山银山，现在冰天雪地也是金山银山，它带动了冰雪经济的发展。我并不在意这一次中国运动员拿几块金牌奖牌，我更在意它给我们今后注入的动力和活力。冬季奥运会将带动3亿人（参与冰雪运动），冰雪运动的普及实际上是对体育强国有一个提高。习近平总书记的讲话包含两层含义：其一，冰天雪地也是金山银山，讲的是冬奥会的经济效应。它会带动冰雪经济的发展，具体来说，就是冰雪产业的发展，比如，对冰雪运动的开展、冰雪运动器材、冰雪运动教育培训、对冰雪文化的消费、冰雪文化旅游等。张家口拥有独特的冰雪资源，经这次冬奥会激活之后，会为今后的冰雪产业发展注入源源不断的活力和动力。其二，冰雪运动对体育强国的提高作用。总书记以战略眼光来认识这次冬奥会，把它当作体育强国的一个支点，会带动更多人参与冰雪运动（将带动3亿人），一些冰雪运动项目不但是竞争体育项目，更应当成为普及性大众体育项目，这将有力地带动体育强国的建设。早在索契冬奥会期间，习近平总书记就对巴赫说过：在中国，冰雪运动不进山海关，如果冰雪项目能在关内推广，预计可以带动两三亿人参与，由此点燃中国冰雪运动的火炬。这次在河北张家口布局冬奥会，不但有助于大大改变冰雪运动不进山海关的局面，而且还会带动东北地区冰雪经济、冰雪产业、冰雪旅游的发展，对实现东北老工业基地的振兴起到一定推动作用。总书记的指示就是河北发展的方向。

三 加快建设现代化经济强省，补齐首都圈经济短板

建设现代化经济强省，已成为河北广大干部群众的共识，也是河北补齐首都圈经济短板，担当首都政治"护城河"大任的必然选择。目前，中国南方经济发展远远领先北方，京津冀协同发展亟须爆发出强劲的经济发展动力，推动中国北方地区经济高质量发展，在新时代区域协调发展中发挥更大作用，补齐河北短板对京津冀协同发展具有决定性作用。与全国一道，河北经济已由高速增长阶段转向高质量发展阶段。高质量发展是体现新发展理念的发展，最终目标是推动经济发展方式的转变，建立现代化经济体系，为实现"两个一百年"奋斗目标、实现中华民族伟大复兴的中国梦构筑雄厚的经济基础。高质量发展是经济进入新常态的主旋律，也是必须始终遵循的新的发展理念。

（一）创新驱动助推河北经济高质量发展

加快推进科技与经济的融合发展，提高经济发展的科技支撑，加大企业研发投入，建设研发平台，提升研发和配套能力，研发新产品，提升产品科技含量。畅通科技成果转化渠道，加快高校、科研院所研究成果技术转化，将研究成果尽快转化为生产力。加大研发投入，提高高技术产业投资比例，大力发展信息智能、高端装备制造、新能源、新材料、都市农业等。活跃技术市场，引进京津先进技术，提高技术合同成交额。营造政策市场环境，激发企业研发活力。积极畅通国内大循环，打通堵点。依托国内大市场，依托京津冀平台，贯通生

产、分配、流通、消费各环节，形成需求牵引供给、供给创造需求的供给端和需求端良性互动的高水平动态平衡，促进经济发展内生动力良性循环。坚持扩大内需这个战略基点，加快培育完整消费体系，培育消费拉动经济增长，打通各个制约要素合理流动的堵点，建立健全资源要素自由流动机制，积极参与构建国内大循环。

打造现代化商贸物流基地。河北省优越的交通枢纽地理位置，为物流商贸基地奠定自然基础。河北省也抓住先天优势大力发展商贸物流业，取得了优异的成绩。在网络智能经济迅速发展的背景下，河北省应尽快对商贸物流进行升级，培育现代化物流商贸企业，引领商贸物流业发展。其一，创新商贸发展模式。要把现代商贸物流放在"互联网+"背景下进行综合规划，将现代商贸物流和"数字经济"相结合，运用智能化现代手段发展商贸物流，使用"区块链"技术将商贸物流植入"一带一路"发展中，进行国际合作，拓宽思路，打通出路，营造四通八达的现代商贸物流。其二，培育当地龙头商贸物流企业。通过减税、降低利率等经济杠杆激励商贸物流企业快速发展。强化服务意识，处理好政府和市场关系，营造良好营商环境，引进外部企业，加强本地企业与外部企业的融合发展。引导商贸物流企业改进管理模式，提高竞争力。其三，积极进行商贸物流基础设施现代化建设。合理规划和建设大型商贸综合体、大型超市或者商务中心区相关配套基础设施。建设完善交通物流枢纽基础设施，扩充物流通道网络体系。推进物流园区现代化建设，将现代5G、大数据技术嵌入现代物流园区建设。其四，加强商贸物流融合发展。将商贸物流业与其他产业进行融合发展，尤其是新兴服务业。如将商贸业和旅游业结合，通过旅游业促进商贸业发展。通过开展物流博览会，进行国际物流合作，实现物流国际融合。作为环绕京津的腹地，河北还应当加强与京津商贸物流对接合作。

建设高水平对外开放高地。尽管逆全球化国际环境已经出现，但开放发展仍是高质量发展的必由之路。河北省环渤海，进出口贸易有着优越的地理条件，加快转变沿海地区内、外贸易发展方式，创新招商引资方式，拓宽领域和渠道。以自贸试验区、跨境电商综试区、服务贸易创新试点等为重点，以京津冀协同发展、雄安新区、经济技术开发区等为平台，大胆探索、先行先试，积极扩大对内对外开放，瞄准国际一流标准和未来发展方向，窗口示范引领作用显著。积极参与"一带一路"国际贸易。加强国际重点合作园建设，充分利用 RCEP 实施机遇，重点在绿色环保产业、高端装备制造等领域加快与成员国产业企业合作。利用国内外重大展会平台精准招商，加大招商引资力度。积极参加国内外大型论坛、展会，借助海外招商代理，收集外商投资信息和对外招商合作项目。聘用境外商会协会招商，举办各类对接活动。用好境外投资者国民待遇政策，提升外商投资便利化水平。

大力发展海洋经济。河北省作为东部沿海省份之一，海洋自然资源丰富，交通优势得天独厚，大陆海岸线 487 公里，海岸带总面积 11380 平方公里，为发展沿海经济提供了优质的资源禀赋，海洋经济也取得了明显进步。2021 年，河北省海洋经济生产总值为 2651.6 亿元，占全省地区生产总值的 6.56%，增速也明显快于全国海洋经济平均增速。河北省继续扶持海工装备制造、海洋生物医药、海洋运输等领域加快发展，补齐短板，构建现代蓝色产业体系。提高海洋资源开发能力，培育壮大海洋战略性新兴产业。搭建沿海地区开放合作平台，加快建设先进制造业、船舶制造、新材料、新能源等高附加值的临港产业，建设绿色增长的、循环经济模式的重化工业。坚持沿海经济带产业布局与全省产业结构优化升级相结合，摆脱对资源型产业的依赖，以项目为载体优化沿海产业布局，促进产业集群发展。

（二）数字赋能助推河北经济高质量发展

习近平总书记高度重视发展数字经济，强调要坚持以供给侧结构性改革为主线，加快发展数字经济，推动实体经济和数字经济融合发展，推动互联网、大数据、人工智能同实体经济深度融合。在推动高质量发展的历史背景下，把握数字经济发展所带来的新潮流、新机遇和新变革，有利于更大力度促进创新和产业相融合，有利于新旧发展动能平稳接续转换，从而实现经济发展质量变革、效率变革、动力变革。发展数字经济并不意味着另起炉灶。加快数字经济发展，要把产业融合作为关键，提高生产智能化水平、产业数字化水平和社会信息化水平，为高质量发展提供持续动力。

河北省正面临数字经济发展的难得机遇。近年来，省委省政府坚持以数字经济助推和引领高质量发展，制定实施工业转型升级、科技创新、战略性新兴产业等系列三年行动计划，制定实施了国家级高新技术企业和科技型中小企业双倍增计划，出台了加快发展数字经济的实施意见、加快发展"大智移云"的指导意见等一系列高含金量政策文件，着力支持大数据、云计算、5G、人工智能，新型显示、智能装备，工业互联网等产业发展。河北科技创新呈现前所未有的良好局面，在新型显示、大数据、机器人、集成电路等领域，涌现出一批具有成长潜力的龙头企业。

一是用数字经济助推产业发展。将传统产业各个环节通过运用数字技术进行升级改造，实现传统产业"老树发新芽"。将现代信息技术渗透到传统产业，运用工业互联网创新技术，将传统产业网络化、智能化，通过推动互联网、人工智能和大数据等与实体经济深度融合，提高全要素生产率，实现智能制造和万物互联体现生产方式变革，引领新的工业技术革命。

二是用数字经济助推智慧城市发展。加快智慧城市建设，推动城市基础设施一体化联动发展。加强卫星信息传输、感知系统、5G基站、通信和宽带技术智能基础设施建设，推进互联网、物联网、局域网建设，加快智慧交通、智慧公共服务、智慧社会保障等数字经济新业态、新场景落地。

三是营造数字经济助推经济"弯道"超车发展的环境。完善鼓励数字经济发展保障政策措施，强化经济杠杆效应，加快帮扶政策落地实施，充分释放政策"红利"。加大财政资金支持力度，加大对数字经济市场主体的金融支持力度。坚持以产业数字化激发新动力，以数字产业化培育新动能，精准用力、持续发力实现产业与数字化双向赋能。

四是用数字经济助推区域经济发展。紧紧围绕形成统筹有力、竞争有序、绿色协调、共享共赢的区域协调发展新机制，以落实"三区一基地"为目标，重点打造环京津核心功能区、沿海率先发展区、冀中南功能拓展区和冀西北生态涵养区四大战略功能区，统筹沿海内地协调发展，带动秦唐高新技术和战略性新兴产业发展。

（三）充分发展文化旅游业

随着经济发展，人们生活水平日益提高，人们对文化旅游的需求也日益旺盛，文化旅游消费将成为居民重要的消费方式，文化旅游业将会随着新冠肺炎疫情的结束而迎来繁荣发展期。文化旅游景点的质量和数量将是该行业发展的竞争力，京津冀地区有着众多的优质文化旅游资源，文化旅游业将成为该地区重要的业态，京津冀三地文化旅游部门可对三地文化旅游协同发展做出规划，提出年度工作要点。

　　河北省有着异常丰富的文化旅游资源，已成为共识，但文化旅游业发展却不尽人意。为此，河北省要从打造经典旅游线路品牌、大力宣传、与其他产业融合发展、提高导游员讲解能力等方面着力，振兴河北省文化旅游业。一是打造经典旅游线路品牌。提高文化旅游经典景点的精神内涵，充分挖掘历史名人文化旅游的地域和现实特色，创新文化旅游品牌，给游客留下深刻印象，让游客在游览中得到精神熏陶，达到留连忘返的效果。二是要对旅游线路进行大力宣传。在信息传播发达的当下，采用多种渠道对经典旅游线路进行宣传，通过网络平台、影视作品、学校、社区、城市规划等进行宣传，扩大知悉范围才能迎来大量游客。三是将文化旅游与其他旅游业融合发展。将文化旅游与生态、休闲度假等旅游形式结合开发，吸引更多游客。四是提高导游员讲解能力和全面素质。优秀的导游员将传播更多信息，不仅以引人入胜的讲解吸引游客，给游客留下深刻印象；而且还能对本地的旅游文化、旅游产品进行推广宣传，做到寓教于游、寓商于游。为此，河北省应当学习旅游业发达地区的经验，加强导游员培训力度，加强考核，为河北旅游业发展提供更多更好专业人才。

第四章

以文明河北维护首都文化安全

文化安全是国家安全的重要组成部分，河北当好首都"护城河"，维护首都文化安全，是软工程，又是硬任务。文明河北建设意义重大，它不仅为经济强省、美丽河北建设提供思想保障、精神动力和智力支持，也为首都文化安全建设提供意识形态安全防线和思想保障。文明河北建设包括意识形态建设、思想文化建设，后者在河北主要指培育富裕文化。

一 筑牢首都意识形态安全防线

意识形态安全决定了思想文化、精神文明建设的方向。坚持马克思主义在意识形态领域的指导地位，中国特色社会主义和中国梦深入人心，社会主义核心价值观和中华优秀传统文化广泛弘扬，群体性精神文明创建活动扎实开展。

（一）当好捍卫首都安全的思想上的钢铁长城

地处北京周边，河北在思想文化方面的要求，最重要的是就是要讲政治、讲大局，当好捍卫首都安全的思想上的钢铁长城。

1. 自觉维护并巩固马克思主义在意识形态领域的指导地位

意识形态工作是党的一项极端重要工作，是国家安全的重要组成部分，不仅关涉党的生死存亡，更关乎国家的前途命运。任何一个国家，只有在政治权威与理论权威相统一的情况下，政权才能稳固，否定一个国家的理论权威，会导致政治权威的流失甚至丧失。意识形态出了问题，党就会失去民心，就可能丢掉政权，苏联亡党亡国就是前车之鉴。

坚持马克思主义在我国哲学社会科学领域的指导地位，是意识形态工作的关键。意识形态的理论建构，借助政治权威的刚性力量[①]，同时，政治权威的保持也离不开意识形态的理论建构。我们已经看到，当前在中国，只有马克思主义、中国化的马克思主义、21世纪的马克思主义才能凝聚实现中国梦的精神力量。河北无论是在哲学社会科学发展方面，还是舆论宣传方面，必须牢牢把握正确政治方向，自觉维护马克思主义在意识形态中的指导地位，并努力把这种指导变为主导、主流。把全省人民的思想凝聚到马克思主义指导下的中国特色社会主义这面旗帜之下，凝聚到中华民族伟大复兴的中国梦之上。

马克思主义是中国共产党的立党之本，是社会主义中国的立国之本，也是中国特色社会主义的兴国之本。在坚持马克思主义指导地位这一根本问题上，我们必须坚定不移，任何时候任何情况下都不能有丝毫动摇。随着对外开放的大门越开越大，人民群众的精神文化生活更加多样化，宣传思想工作的环境、对象、范围、方式发生了很大变化，但是，我们的宣传思想工作不能变，

---

① 参见王欣、张娜《习近平关于意识形态的重要论述之时代特征》，《沈阳工业大学学报》（社会科学版）2022年第2期。

必须坚持马克思主义的指导地位，坚持以马克思主义引领，整合多样化的社会思潮。尤其是河北，地处京畿，其意识形态领域是各种势力进行思想渗透与争夺的前沿阵地，是没有硝烟的战场，河北必须提高警惕，提高斗争意识和斗争能力。正如习近平总书记强调的，在意识形态问题方面，领导干部要做敢于斗争、善于斗争的战士。①

敢于斗争就是要有斗争意识，要看到意识形态斗争的长期性、隐蔽性，必须对打赢意识形态斗争作为事关旗帜、事关道路、事关国家政治安全、事关国家长治久安的战略性任务加以重视。要意识到意识形态形势的严峻性。国际风云变幻莫测，周边环境敏感复杂，新冠肺炎疫情在全球持续肆虐，俄乌冲突不断升级、美国对中国的各种打压和围堵从未停止，意识形态领域的斗争更是尖锐而复杂，防控工作任重而道远。河北作为距离北京最近的一个大省，必须充分认识到意识形态领域斗争的长期性、复杂性、艰巨性，要有足够的前瞻意识，下好防控意识形态风险安全的先手棋，打好意识形态战争的主动战。

善于斗争就是要增强斗争、提高斗争艺术和斗争本领。一方面，加强话语权建设，在哲学社会科学领域，牢牢把握正确的政治方向，坚持马克思主义指导地位。在文艺作品创作中，坚持社会效益第一，力争经济效益与社会效益双丰收。我们不搞意识形态对抗，但要在关键问题、重大问题、重要时刻提高发声能力，维护自身正当权益，维护公平正义。另一方面，要在马克思主义中国化最新成果大众化方面下功夫，这是做好意识形态工作的重要环节。不仅要用马克思主义中国化最新成果武装干部，同时也要教育群众，这样广大干部群众才能在是非面前划清界限，澄清

---

① 《习近平谈治国理政》第三卷，外文出版社 2020 年版，第 228 页。

认识，分辨是非，增强定力。

2. 做好网络意识形态安全工作

对于网络安全的重要性，习近平总书记是这样强调的："没有网络安全就没有国家安全，没有信息化就没有现代化。"① "互联网是我们面临的最大变量，在互联网这个战场上，我们能否顶得住、打得赢，直接关系国家政治安全。"② 可见，网络安全是被作为国家安全的重要基础来强调的。网络已成为陆海空天之后的第五安全领域，网络空间其实已经成为意识形态争夺的重要阵地，虚拟信息的复杂性、自媒体的自主性、多媒体融合的交互性、网络语言的丰富性、网络社交的匿名性，给网络意识形态安全构成了多重困难，诸多挑战。我国网络发展起步晚，网民数量庞大，网民素质良莠不齐，加之我国网络技术受制于美国等西方发达国家，西方国家的网络监控、网络霸权以及国内的网络舆论与网络诈骗等问题，给网络意识形态的管理与治理带来一定的困难，而网络安全与其他各种传统安全与非传统安全可以说都有着千丝万缕的联系。

网络意识形态安全关系着国家的政治安全和社会稳定。网络语言、特殊符号、图片、短视频传播受众面广、传播即时性强、影响力巨大，需要不断提高网络意识形态治理能力。"打赢网络意识形态斗争，必须提高网络综合治理能力，形成党委领导、政府管理、企业履责、社会监督、网民自律等多主体参与，经济、法律、技术等多种手段相结合的综合治网格局。"③ 2021年9月，河北省网信办召开全省"清朗·燕赵净网2021"网络生态治理

---

① 《习近平谈治国理政》第一卷，外文出版社2018年版，第198页。
② 《习近平关于网络强国论述摘编》，中央文献出版社2021年版，第56页。
③ 《习近平关于网络强国论述摘编》，中央文献出版社2021年版，第56页。

专项行动交流推进视频会，全省各地网信办接续召开会议，推动网络生态治理各项任务落细落实，为广大网民营造了风清气正的网络空间。在全省范围内，河北电视台、河北日报、长城新媒体等主流媒体也不断加强意识形态话语权建设，及时化解网络意识形态安全风险。主流媒体不但要守土有责，更应当有所作为，在马克思主义中国化最新成果传播方面，把握话语权，让主流媒体的声音成为舆论阵地上的主旋律，坚决打好网络文明保卫战，驱散网络空间的雾霾，让网络空间始终保持天朗气清。

（二）以河北人文精神增强河北人民的文化自信

多年来，河北被定位为京畿之地，没有特色就是它的特色，其实，河北这片燕赵热土是有它独特的精神风貌的，提炼河北精神是新时代提升河北人民的精、气、神的需要，更是当好首都政治"护城河"的需要。河北人文精神曾被简要概括为"坚韧质朴、重信尚义、宽厚包容、求实创新"这十六个字。这种河北精神是长期历史发展过程中逐步形成的，河北人的思维、行为都自觉不自觉地体现出这种河北精神。

坚韧质朴、重信尚义、宽厚包容、求实创新，这十六个字体现的是河北人的历史本色、现实选择与未来取向。它深深植根于燕赵文化，是传统文化与现代观念相交融、历史文脉与时代精神相结合的产物，是河北地方特色与中华文明相结合的结晶。它贯通了历史、现实与未来，打通了河北、中国与世界，既有历史底蕴，又有时代气息。提炼河北人文精神，宣传河北人文精神，有助于大大提升河北人的文化自觉，增强河北人的文化自信。

记得有个小视频在讲各省特点时，说到河北，用了一个成语：群龙无首。当然这是一种幽默戏谑的说法，可是也说出了某种程度上的客观现实，笔者认为这里的"首"指的就是河北精神，没有一个统一的河北精神引领，就会表现出涣散的精神风貌，就缺乏精、气、神。所以，塑造和培育河北精神其实就是要让河北人民都自觉意识到自己的这种精神特质，更加自觉投身到经济强省、美丽河北建设中去，更加自觉地找准自己的定位与特色，自觉投身于政治"护城河"的治理当中去。

（三）以河北红色人文精神育人铸魂

红色文化是中国共产党领导全国各族人民，经过新民主主义革命、抗日战争、解放战争以及社会主义建设和改革等一系列历史事件而创造出来的一切物质文明和精神文明的总和[①]。河北红色文化所蕴含的红色人文精神是河北人文精神的主旨和主旋律。河北是具有深厚人文精神的大省，在革命战争时期、成立新中国时期、建设时期、改革开放时期，这片上演了无数历史活剧的沃土孕育了丰厚的红色人文精神。

在革命战争时期，先辈们舍生忘死、救国救民。中国共产党的先驱李大钊身上体现出了忧国爱民、信仰坚定、忠诚担当、无私奉献、敢于斗争、敢于献身的崇高革命精神。狼牙山五壮士表现出了不怕牺牲、视死如归、热爱祖国的革命英雄主义精神；白求恩大夫、柯棣华大夫表现出了毫不利己、专门利人的无私奉献精神；抗战时期，在太行山东麓的革命老区形成了"不怕困难，不怕牺牲，勇于担当，勇于胜利"的129师精神。

成立新中国时期，1949年3月，党的七届二中全会在西柏坡召开，这次会议会场虽简陋，精神却不朽[②]。"两个务必"包

[①] 李强：《红色文化的本质、特征及传播路径》，《社会科学家》2020年7月。
[②] 《艰苦奋斗 一心为民——西柏坡精神述评》，《中国青年报》2021年10月22日。

含的谦虚谨慎、艰苦奋斗、实事求是、一心为民的西柏坡精神，让西柏坡成为一个永载党史的精神地标。习近平总书记指出，毛泽东同志当年在西柏坡提出"两个务必"，包含着对我国几千年历史治乱规律的深刻借鉴，包含着对我们党艰苦卓绝奋斗历程的深刻总结，包含着对胜利了的政党永葆先进性和纯洁性、对即将诞生的人民政权实现长治久安的深刻忧思，包含着对我们党坚持全心全意为人民服务根本宗旨的深刻认识，思想意义和历史意义十分深远。①

建设时期，塞罕坝人表现出了牢记使命、艰苦创业、绿色发展的牺牲奉献精神。

改革开放以来，正定体现出了"传承红色基因、勇于开拓创新"的探索创新精神。

河北是一片革命的土地，是一片英雄的土地，是一片奋斗的土地，作为具有得天独厚的丰富红色文化资源的一个大省，只有传承好红色基因，坚定文化自信，以红色人文精神育人铸魂，才能筑牢思想上的钢铁长城，当好政治"护城河"。

发挥红色人文精神育人作用的一条重要渠道就是盘活河北文化资源，以影视歌诗著作等形式广泛传播河北的红色人文精神，让这些红色人文精神入脑入心，洗涤灵魂。河北是文化资源大省，但这些资源没有有效地转化为文化产业，无论规模还是体量、质量、速度，在全国都处于比较落后的地位，与首都北京发达的文化产业相比，更是差距甚大。全国范围内文化产业增加值占 GDP 的比重逐年上升，而河北只占到 1%—2%，相比其他兄弟省是落后的，相比北京的 5% 以上的占比，更是落后不少。所

---

① 《充分调动干部和群众积极性　保证教育实践活动善做善成》，《光明日报》2013 年 7 月 13 日。

以，应当大力发展文化产业，盘活文化资源，让红色人文精神更好地融入河北人的血脉和生活中去。

二 打造环首都共同富裕文化域

套用一句名言"幸福的家庭是相似的，不幸的家庭各有各的不同"，我们可以讲，各个发达省份的成功经验有许多相似之处，而落后省份不发达的原因却各有各的不同。比如，江西在分析落后原因时，讲交通导致落后；西部地区，讲区位导致落后；东北地区，讲资源耗尽、经济转型导致落后。河北经济发展相对落后的原因，与其他省份有着诸多不同。区位、资源、能源、政策各个方面，河北可以说是比较优越的，因此，思想观念、贫困文化可能是最主要的落后原因。河北被总结为"东部的位置，中部的经济水平，西部的思维"，这个说法不是没有道理的。

（一）改变思路：变"灯下黑"为"大树底下好乘凉"

仔细分析一下，过去河北落后的原因在于北京、天津对河北的吸附、虹吸效应，人才、资金、资源、项目等方面，能去北京、天津的，就不到河北。在河北形成"灯下黑"效应。因此，河北要改变思路，由"灯下黑"变为"大树底下好乘凉"。

当好首都"护城河"，绝不仅是一个口号，而是一项实实在在的任务，而承担这个职责，需要自身强，自身硬，因为打铁必须自身硬。河北要学会借力发展，长期以来，河北只强调政治任务，忽略了经济发展、社会保障改善，因此，河北要把首都"护城河"职能的发挥与河北经济社会发展相结合，要解放思想，用足政策，学会借力，运用好自身的地理优势性，让自己更强大、更美丽。

(二) 转变观念：变贫困文化为富裕文化

长期以来，河北非常注重发挥首都"护城河"功能，这当然是正确的，必须的，但是如果"只求稳，不求富""只求护，不求富"，不注重市场意识，不注重创新创造，河北的发展活力势必受到制约，综合实力下降，这样其实是难以承担"护城河"职责的。为了解决保护者还不如被保护者强大，为了解决"灯下黑"，河北省应当以政治为统帅，以文化为灵魂，以经济为载体，真正实现自身的强大，这样才能真正发挥"护城河"的功能，只有自身全面素质过硬，才能提供更好的服务。否则，连自己都还是木桶上的短板呢，怎么去护城？恐怕只会成为"全班力气最大的那个扯后腿者"。以强护强，强强联合，才是真正意义上的"护城河"。在这里要抛弃越穷越革命的陈旧观念，建立富裕文化。

过去"官本位"思想在北方有着很大的市场，河北要发展，必须摒弃阻碍自身发展的官本位、关系本位、管制本位。树立法治意识、市场意识，培育亲清政商关系，营造良好营商环境，以法治建立起亲、清的政商关系。不靠、不等，既要独立，更要学会借力，既讲政治意义上的奉献，更讲市场意识上的利益；既讲政治意义上的护城，更讲经济意义上的共享。

用法治塑造市场环境，让人们有事找法律，而不是找关系；培育冀商精神，破除关系文化，培育高度互信和竞争合作的网络关系，建立个人诚信、政府公信、企业信用三者结合的社会诚信体系。还要下大力气，培育冀商精神，现代"冀商"是以河北地缘、亲缘为基础形成的企业家群体。① 传统意义上的冀商有诚实、平实、重义的特点和精神特质，但由于没有完成现代化转型，因此也存在着缺乏创新精细意识、缺乏合作共赢意识等现代商业理念。习近平总书记指出："投资环境就像空气，空气清新才能吸引更多外资。"② 因此，在河北，优化营商环境，就是要激发市场活力，就是把该放的权放到位，该营造的环境营造好，该制定的规则制定好，让企业家有用武之地，让冀商实现现代化转型，活跃河北经济。

没有市场意识，就难以实现经济的快速发展。河北一直讲"护城河"，但是在实际行动上却没有及时跟上，比如在旅游中，旅游既是经济行为，也是文化行为，更是政治行为。海南的旅游理念中有很重要的一条，也是导游挂在嘴边上的一句话，就是"所有的旅游都是与政治挂钩的"。但是，在河北却鲜有听到这种声音。甚至即便是红色旅游景点，也缺乏把经济、文化、政治融于一体的一种旅游设计。因此，河北有着全国最全面的地形地貌，有着数不尽的历史传说，却盘不活这些旅游资源，少有在全国范围内叫得响、传得开的旅游名片。这次冬奥会在张家口举办，可以说给了河北一个好机会，而如何利用好这个机会，深入挖掘冰雪旅游资源，河北正在努力。

---

① 参见魏先法《冀商企业家精神环境优化研究》，《河北省社会主义学院学报》2017 年第 4 期，第 31 页。

② 《习近平谈治国理政》第三卷，外文出版社 2020 年版，第 195 页。

第五章

以平安河北助力首都社会安全

河北省是京畿重地,在首都"护城河"治理中担负着特殊重要的使命。由于紧临首都的区位原因,不但其自身安全问题是影响首都地区安全稳定的重要因素,河北也是京外不安全因素进入首都地区的必经之地。因此,河北省在首都安全方面负有特殊重要责任,是护城河治理的核心区域。

一 杜绝不安全因素流入北京

河北是北京不安全因素的重要流入地。河北省本省的一些市县距离北京较近,其他一些省份去北京要路过河北,因此,一些不安全因素也会不自觉地选择自河北进京。因此,河北在杜绝不安全因素流入北京方面,可以说是重任在肩。

(一)创新河北信访工作,提高信访效率

建立信访甄别机制,实行精准接访、区别化解。建立由信访部门工作人员、党政领导、司法人员、律师、社会工作者、人大代表、群众代表等人士组成的"信访甄别小组",对重大集体上访案件、积年陈案进行归因鉴别。提高执行力,破解执

行的最后一公里问题，切实维护访民利益。课题组调研中发现，法院判决不执行引发的上访案例占相当比例，有必要加强基层司法执行力度，加强行政执行力度。加快建立基层社会诚信档案，对不执行法院判决的人或矛盾肇事方，并由此引起受害方频繁上访的，记录进诚信档案，限制其享受相关社会权利的资格。

建立信访终结机制，逐步推进社会矛盾化解法治化。采取涉访案件优先立案、优先审理、减免费用、简化流程的原则，提高信访案件司法效率，减轻信访人员负担，力争在最短的时间内，给上访户一个明确的答复与交代。矛盾解决之后，通过相关部门网站、以网络或其他形式，公开司法处理、信访处理或矛盾处理结果，作为终结机制。对于实在想不通、接受不了处理结果，但又危害不大的，要宽容对待，尽量给予物质救助、人道关爱，建立心理救助机制，给予心理疏导。

推进下访机制建设，加强基层矛盾的收集与化解。借鉴中山市党代表下访、淮安市人大代表下访、任丘市党代表常任制延伸到社区的经验，充分发挥基层党组织、基层党代表、基层人民代表在联系群众中的作用，及时了解民众的愿望、诉求、困惑，推进社会矛盾源头治理，把社会矛盾消灭在萌芽，化解在基层。

加强对信访人员的公共服务，维护信访秩序。提高警力配备，尤其要提高北京周边地区的见警率，这既是加强社会安全治理的需要，又能够有效地保护河北赴京访民以及经过河北进京上访的访民的人身安全。总之，争取要让群众的冤屈能得到申诉与解决，同时，也要避免有人利用访民谋取非法利益，破坏社会秩序与公共安全。

（二）排查社会安全隐患，加强源头治理

解决信访问题是治标，加强源头治理，排查安全隐患，才是治本之策。及时化解社会矛盾是源头治理的重要表现。调研发现，北京周边的燕郊等地的干部群众普遍反映警力不足。建议加强社区、农村、人口密集区的警力配备，科学提高见警率，要按照人口数量、密度，并考虑流动人口因素配备警力，而不仅仅根据行政建制来配备警力。加强日常巡逻，实现日常巡逻与天网工程相结合，把重点放在事先预防、源头治理，及时发现违法犯罪线索、矛盾苗头，及时处理。建立热点社会矛盾台账，精准处理矛盾热点。

河北信访问题中涉房、涉地、涉金融投资方面问题比较突出，而这些问题，周期漫长、涉及面广，往往涉及一些旧账。河北社会治理，要由被动救火变为主动把脉，在社会治理方面坚持治未病。充分发挥网络在安全排查中的作用。网络空域已成为人民群众生活工作的不可分割的一部分，元宇宙的开启，更是让人们同时生活在实体社会与网络虚拟空间之中。因此，时刻关注网络上的社情民意，把矛盾、问题消灭在萌芽状态，是正确的选择。

此外，还要继续做好传统安全防卫工作。河北地理位置优越，交通便利，几乎所有的高铁、高速公路、国道都可以直通北京，可以说成为全国大部分省份进入北京的必由之路，这在客观上也为不安全因素路经河北流入首都北京提供了可能，因此，河北必须做好传统意义上的安全防卫工作。

二 提升京冀社会治理协作水平

首都北京与畿辅重地河北在地理位置上紧密相连。就京冀的关系来看，如果说北京是头首部，河北就是身体、腹地；就全国范围来看，如果说北京是头首部，河北就是脖子、颈项。因此，有必要努力提高京冀社会治理协作水平，补齐河北社会治理短板，实现与首都的无缝对接。

（一）河北学习北京先进社会治理方法

乔耀章在谈社会治理原理与原则时，提出"互补不对称"[①]的社会治理原理，认为互补性原理有国内治理互补、国际治理互补、国内外治理互补、治理主体间（际）互补、治理客体间（际）互补、强强治理互补、弱弱治理互补以及强弱治理互补八种情形。据此，我们认为，北京与河北之间的社会治理协作应当属于强弱治理互补。北京与河北虽然地域相连，但从社会治理的理念、手段、效果上讲，可以说北京强、河北弱，应以北京为示范，河北多借鉴，提升河北社会治理现代化水平，争取与北京接轨、同步。

1. 提高社会治理的效能

北京人口众多，同时宜居宜业的程度也比河北要好得多。河北与北京地理位置相近相接，但社会治理水平、社会治理效能却存在着巨大差距。

---

① 参见乔耀章《论社会治理原理与原则》，《阅江学刊》2013年第6期，《新华文摘》2014年7月，第11页。

前些年，笔者的一位朋友大专毕业后在石家庄找不到工作，到北京第二外国语学院读了两年本科，回来之后，深有感触地说了一句话："在北京的两年，我觉得一天不学习，都落后了，所以每天都非常紧张忙碌；可是，两年之后，回到石家庄来，感觉跟两年前没什么变化。"近些年，虽然石家庄有所改善，但情况依然不容乐观，比较起长三角城市群、珠三角城市群周边的卫星城而言，还有不小的差距，距离京津冀协同发展、疏解非首都功能的要求来说，河北还有很大的提升空间。这讲的是创业环境。

其实河北的居住环境也并不理想。别的不说，就说烂尾楼，石家庄的情况在全国也可以说是绝无仅有。火车站附近的一个号称"吃遍全国、购遍全球、玩遍世界"为三大主题的楼盘"祥云国际"，15年前是石家庄市桥西区声势最大的楼盘，如今却因破产而祥云失彩，为市民诟病、调侃，被称为全国知名的"最美烂尾楼"。2019 年，一对年轻夫妇写了一封题为《祥云国际——青年梦碎的地方》的信给省长："尊敬的省长您好！曾经被当作石家庄名片进行打造的祥云国际目前已烂尾五六年之久，虽然我和对象都是来自外地出身底层的研究生，然而因为之前买的祥云住宅楼长期烂尾，至今蜗居在租来的 20 平小房子里，没有婚房可供结婚。住房对于很多我们这样的青年来说是刚需，也承载着我们对于生活的梦想，希望省长重视，给青年学子以帮助，给更多百姓以抚慰，也让祥云国际能为石家庄添加光彩。"这封信说出了无数年轻人的心声。还有老人在拆迁后没有等到住新房，遗憾离世，这不仅是个案。针对烂尾楼群像，2021 年，石家庄先后公布 5 批次 44 个烂尾楼项目整治工作方案。

笔者 2007 年去外地出差，和当地的朋友聊起了楼市。一位南方的朋友撇着嘴讲，石家庄那地方，那污染的，能住吗？虽然有点夸张，但联系起有人讲的"石家庄既不宜居也不宜业"的说法，也不是没有一点道理，所以才有了"宁要北京一张床，不要河北一套房"的说法。打造宜居宜业的城市环境，离不开社会治理，河北省在社会治理方面，要向首都北京学习。

2. 学习首都北京重视党建引领的好传统

重视党建引领，是首都北京非常具有特色的传统优势。北京作为首都，在社会治理中，尤其是基层社会治理中，非常注重党建引领。《北京社会治理发展报告（2020—2021）》显示[①]，2020年，北京在社会治理领域多项工作取得显著成就，党建引领疫情防控、"接诉即办"纵深发展、抓好两件"关键小事"、推进城市安全发展等，确保了北京多项重要工作顺利推进，进一步增强人民群众获得感、幸福感、安全感。我们可以看到，其中，党建引领是排在第一位的。

党建引领指充分发挥基层党组织的方向掌舵、凝心聚力、志愿服务作用。除了传统意义上的党组织在社区管理中发挥着宣传党的方针政策、调解矛盾、志愿服务的作用之外，当前，由于北京新经济组织（包括私有、民营企业、个体工商户及独资、境内外合资等企业）和新社会组织（主要指新建立的社协民间组织、非政府组织）比较多，两新组织党组织已成为执政党开展城市社会治理的战斗堡垒。所以，基层党组织在引领"两新"参与社会治理，共同推进社会进步，成为北京城市社会治理工作开展的新领域，也是党建引领的新的突破口，成为新时代完善党建融入首都城市社会治理的新手段和新方法。

---

① 参见高文兴《北京社会治理精细化走向深入》，《公益时报》2021年7月20日。

"两新"组织党组织在引"两新"中主要发挥宣传引导作用，组织引导非公有制企业和城市社会组织贯彻党的路线方针政策，确保新经济组织与新社会组织实现自身良性发展[①]。

河北在基层社会治理中，也应该不断推进基层党建与社会治理的深度融合，充分发挥党组织的政治功能与服务功能。一方面加强基层党组织与其他社会治理主体的良性互动与相互合作，另一方面，在群众性自治组织、社会力量、广大群众参与社会治理活动时，要充分发挥党组织的引领作用。

（二）北京加强与河北协作

社会治理是在政府主导与社会各方参与下，依法对社会事务进行的管理，其目的在于通过解决社会问题来化解社会矛盾、应对社会风险，从而实现社会的良性有序运行。打造京冀社会治理共同体，实现跨域社会治理，是京冀社会治理协同发展的新趋势。在京津冀协同发展背景下，北京、天津、河北的社会管理出现了协同发展的新特点，尤其是北京与河北，这样的强弱互补式社会治理，更是应当探索出一条有特色的道路。

建设京冀区域社会治理共同体。京津冀交通一体化的快速推进向区域社会治理创新提出了新要求。京津冀依据交通一体化规划，按照网络化布局、智能化管理和一体化服务的要求，已初步构建起铁路、公路、机场、港口互联互通的立体交通网络，以轨道交通为骨干的多节点、网络化、全覆盖的交通格局正在加快构建——轨道上的京津冀也日趋形成。京津冀区域城际轨道交通充分利用地上与地下空间，其准时性、安全性、速

---

① 李明伟、索殿杰：《党建引领"两新"组织参与北京社会治理：功能与路径》，《新视野》2022年第1期，第74、76页。

达性、大容量等属性非常适宜京津冀区域间人员通勤、通学、通商、商务旅行，有利于疏散首都交通压力，为京津冀一体化要素流动提供了快捷的高品质服务，有效推动了产业、就业及首都人口转移，有助于激活京津冀城市群的发展活力。同时，也给京冀区域社会协作治理提出了更高要求。

京津冀地区要实现一体化，不可能完全按照现有的行政管理、社会管理模式来运行，必须有取有舍，进行重构性改革，建立京冀社会治理共同体，就是重构性改革的一个重要方面。建设京冀区域社会治理共同体成为迫切要求。这个共同体的"共"指北京与河北共治共享，"同"指以北京为核心、为中心的同心圆。习近平总书记指出，要完善共建共治共享的社会治理制度，实现政府治理同社会调节、居民自治良性互动，建设人人有责、人人尽责、人人享有的社会治理共同体。要加强和创新基层社会治理，使每个社会细胞都健康活跃，将矛盾纠纷化解在基层，将和谐稳定创建在基层。[①]

随着京津冀一体化的发展，京津冀三地的社会交往日益密切，各类人员的流动也日趋频繁，京冀两地人员流动增多，社会公平、人口流动、环境治理、治安管理、医疗卫生、医疗卫生异地结算、疾病防控体系建设、区域治安警务合作、区域流动人员管理、养老服务、食品安全等方面的问题也在增多，而且这些社会问题的波及面往往超出了京津冀各自行政区划的边界，突破了行政层级的管理权限，成为跨域性社会治理问题，传统社会管理模式已经失灵，将其局限在个别的单一地区很难得到圆满解决，因此京冀加强协作，势在必行。政府是社会治理权力的核心，在京冀合作社会治理中，北京市政府、中央政

---

① 《习近平重要讲话单行本（2020年合订本）》，人民出版社2021年版，第79页。

府更是居于重要地位。北京市政府要充分发挥中心城市的带动作用，应该主动发挥以强带弱、以强帮弱作用，与河北共享数据信息，定期交流经验。北京是超大城市治理，在精细化、法治化、社会化等方面为河北城市的治理提供了样本，河北在提升解决群众诉求、整治城市秩序，保障城市运行，提升自身的社会治理水平方面，要以北京为标杆，与北京加强协作、合作，探索出一条适合北京、河北两地特点的协作社会治理之路。

吴良镛指出，在国外的许多城市，如美国的旧金山港湾地区，都建立有平级的协调机制。吴良镛说："我曾参观过德国的一个历史城市孟哈姆，它与新城市奈克已连成一片，二者的协调也是通过每周一次的市长联合办公会议解决，而不是简单地将城市合并。"由此可见，城市发展中体制问题的解决主要依靠建立行之有效的区域协调机制，必须千方百计通过各种试验寻找合适的措施与方法，推动区域与城市发展达到更高的水平，而不是在行政范围内故步自封。这也是考验政治进步的标尺，并且不只是京津冀地区的事情，这是迟早要在全国范围内必须加强的。

三　建设平安首都圈

首都经济圈的持久繁荣需要平安首都圈的支撑与助力，没有首都周边的平安，就很难有首都经济圈的持久繁荣。

（一）全方位打造环京安全屏障

地理位置的特点，决定了河北在安保和综合治理中必须要全方位打造环京安全屏障。

1. 强化河北省的日常治安管理

做好新时代人民调解工作。我们面临的大部分矛盾属于人民内部矛盾，所以，加强人民调解工作是解决人民内部矛盾的重要渠道。河北在坚持大调解化解社会矛盾方面做了许多卓有成效的工作。大调解坚持发展新时代枫桥经验，健全完善基层矛盾纠纷多元预防化解机制，刚性落实研判到位、排查到位、化解到位、报告到位的指导思想，深入开展社会矛盾化解，当好首都政治"护城河"。河北以贯彻落实《全国人民调解工作规范》《全国司法所工作规范》为契机，全力推进基层司法行政工作高质量发展，组织开展人民调解"大宣传、大培训、大调解"，提升人民调解"知晓度、专业度、满意度"[①]。开展人民调解"进乡村、进社区、进企业、进市场、进校园"，积极引导社会各界和人民群众关注、支持和参与人民调解，营造"有纠纷找调解"的良好社会氛围。

严厉打击"黄赌毒""黑拐骗""盗抢枪"等违法犯罪行为。严格扼制危害公共安全、损害群众利益的恶性事件发生，为首都周边安全提供良好的治安环境。严格治理"散乱污""脏乱差"的恶劣环境，同时，必须加强首都"护城河"的日常管理、常规管理，与北京共享数据，协作治理，坚持从严从实从细，把打造环京"护城河"当作河北省的一项重要的日常综合治理工作，确保首都周边良好的治安环境，为首都安全守好门、把好关。

---

① 王金水：《河北：全面贯彻两个"规范"坚决当好首都政治护城河》，《人民调解》2022年第1期。

2. 重要时间节点站好岗放好哨

除日常治安管理之外，河北还要做好重要时间节点的治安管理工作。因为河北是其他许多省份进入北京的必经之地，所以承担着重要的"护城河"任务，尤其是在一些重要时间节点。节假日、会议、重要国内国际活动期间，河北尤其要加大安全隐患的排查力度，特别注意加大安全防范力量，坚持大事牵动战略，做好首都周边地区安全保卫工作，为首都安全稳定站好岗、放好哨。

（二）平安河北是平安首都圈的重要组成部分

2022年1月23日，河北省平安建设领导小组第二次会议召开，会议指出，河北要深入学习贯彻习近平总书记重要指示和党中央决策部署，坚持不懈推进平安河北建设，坚决当好首都政治"护城河"，为党的二十大胜利召开和北京冬奥会、冬残奥会成功举办创造安全稳定环境。平安河北是平安首都圈建设的重要组成部分。

1. 防范社会风险挑战

在国家治理和社会治理方面，我们要树立"治未病"的理念，习近平总书记在指示统筹推进疫情防控和经济社会发展工作时，指出"要推动医防结合，真正把问题解决在萌芽之时、成灾之前"，[1] 其实这也适合我们的国家治理和社会治理。现代社会是一个社会风险高发频发的社会，社会风险治理重点在防范，因此，社会治理应当树立治未病的理念。古语讲，小医治

---

[1] 《习近平重要讲话单行本（2020年合订本）》，人民出版社2021年版，第41页。

病，中医治人，大医治国。治国如治病，高明的医生不治已病治未病。河北一定要提高预测预警预防各类社会风险的能力，不断从事后处置转变为事先预防。防范社会风险挑战一方面靠思想观念，树立社会治理方面的治未病理念，另一方面，还要有行动、有计划、有布置、有安排，甚至有演练。有备才能无患或少患。河北只有自身不出事、少出事，才能以河北平安保首都平安。

2. 增强应急治理能力

在对待社会风险方面，正如习近平总书记指出的那样，我们既要有防范和化解风险的先手，也要有应对和化解风险挑战的高招；既要打好防范和抵御风险的有准备之战，也要打好化险为夷、转危为机的战略主动战。[①] 源头治理可能会减少、降低风险的发生，但不会消灭风险，因此在一定意义上讲，社会风险的发生具有必然性，所以除了作好风险防范工作之外，还要充分做好社会风险的应对，加强应急治理能力，在危机来临之际，要有果断的决策能力、强大的资源（政治资源、行政资源、市场资源、社会资源）整合能力、成熟的应急指挥能力、强大的舆论导控能力、妥善的善后处置能力。力争把社会风险造成的损失降到最低，力争化险为夷、变危为机。

总之，常规社会治理与风险社会治理要两手抓，两手都硬，才能创建平安河北，为建设平安首都圈提供助力。

3. 把握危机与机遇的辩证法

当今世界正处于百年未有之大变局，危机是大变局的一个

[①] 《习近平谈治国理政》第三卷，外文出版社2020年版，第219页。

重要表征，变局正是危机与机遇的统一。恩格斯有句名言：没有哪一次巨大的历史灾难，不是以历史的进步为补偿的。其实这正是我国目前状况的一个写照。我们的疫苗技术、5G 技术、航天技术、军事科技、总体的创新能力，在美国的打压与逼迫之下，其实是取得了更快更好的发展。但是，目前中国虽然取得了抗击新冠肺炎疫情的重大战略性成果，内防扩散、外防输入的任务依然艰巨。美国挑动俄乌冲突，而且为了维护自身的霸权主义，对中国的发展进行政治上打压、经济上制裁、军事上围堵，支持"台独""疆独""藏独""港独"等分裂势力，剥夺中国人民过上幸福生活的权利，我国发展面临的环境更加复杂，疫情持续、局部动荡、逆全球化、保护主义、单边主义上升，世界经济低迷，全球产业链受到冲击，中国国内要进行全面建设社会主义现代化国家的开局，转变发展方式，优化经济结构、转换增长动力的任务依然艰巨，需要找到新的突破口，找到新的抓手，在大变局中破僵局、开新局。"十四五"时期，可能我们还会遇到许多意想不到的风险、困难甚至是惊涛骇浪，但是我们要辩证地对待这些，要在危难中看到机遇，要在危机中育先机。

在这样严峻的形势下，河北干部群众更应该认识到"两个确立"的重要性、必要性，自觉维护我们的核心，自觉承担起首都"护城河"的重任。多为首都安全着想，多为首都安全出力。首都安，则国家安；国家安，我们才能过上幸福美好的生活。

第六章

以美丽河北保卫首都生态安全

随着现代文明的崛起,科学技术进步在增加大量生产、创造巨大财富的同时,也对生态环境带来了毁灭性的灾难。在全球公认的现实存在的致命性威胁中,生态环境威胁居首,联合国环境方案中说"我们不是继承父辈的地球,而是借用了儿孙的地球"。我们传统文化中也有"前人栽树,后人乘凉"的说法。当前,生态环境已经同领土、军事、政权、产权等项目一起,成为涉及国家安全的重要领域。河北作为首都保护带,更应当切实负起责任,以美丽河北保卫首都生态安全。

一 生态安全威胁是最具有全球性的非传统安全威胁

生态安全是自然生态系统的安全,是人类活动没有受到因环境恶化而被迫停止或威胁的安全。自工业革命开启以来,就像潘多拉魔盒被打开,生态安全事件频出,"地球之肺"——森林草原迅速减少,土地沙漠化严重,饮用水严重污染,物种减少,等等,生态安全已经成为全球所面临的共同挑战。国家安全的基本内涵除了包括国防安全、经济安全和金融安全等,生态安全也位列其中。维护全球生态安全成为可持续发展的必由之路。

（一）生态安全含义

生态安全是一个国家赖以生存和发展的基础和条件，是生态环境没有遭受到破坏与威胁的状态，是生态系统自身的安全，也是生态系统对于人类的安全。习近平生态文明思想确立了生态安全观在总体国家安全观中的战略地位，"绿水青山就是金山银山"理论与生态安全屏障奠定了生态安全观的基础框架，生态安全体系现代化建设是生态安全观的实践标准，人民生态安全是生态安全观的最终价值目标。

2015年7月1日《中华人民共和国国家安全法》公布施行，其中第三十条明确规定：国家完善生态环境保护制度体系，加大生态建设和环境保护力度，划定生态保护红线，强化生态风险的预警和防控，妥善处置突发环境事件，保障人民赖以生存发展的大气、水、土壤等自然环境和条件不受威胁和破坏，促进人与自然和谐发展。

（二）生态安全问题挑战

中国是发展中国家，处于工业化加速发展的时期，经济发展不可避免地造成了一些不良的生态问题后果，华北北部地区，走了沙尘暴，来了大雾霾。全球范围内的环境恶化、自然资源枯竭、不可再生能源告急，大气、海洋、水、土壤污染，生物链破坏、气候变化等严重影响人类生产生活甚至生存，这一系列生态安全问题，正在受到包括中国在内的世界各国政府与人民的关注。2013年1月，中国出现4次雾霾天气，受笼罩的省、市有30个；北京仅有6天不是雾霾天。2014年1月4

日，中国国家减灾办、民政部首次将危害健康的雾霾天气纳入2013年自然灾情进行通报。为了改善空气质量，京津冀区域采取了一系列"史上最严"措施，使得治霾能坚守"最后一公里"。

现阶段，正是我国发展由粗放转型升级的关键期，生态环境问题突出，雾霾严重，水污染防控艰巨，土地沙化，湿地萎缩，尤其是京津冀地区多种多样的生态问题层出不穷，极具代表性，已造成制约发展的瓶颈。京津冀地区生态环境治理取得成功，对于全国打造生态示范区和生态环境治理具有重大借鉴意义。

1. 大气环境污染依然较重

根据2020年《中国生态环境状况公报》，全国337个地级及以上城市（含直辖市、地级市、地区、自治州和盟）城市平均达标天数比例提高到87.0%，$PM_{2.5}$未达标地级及以上城市平均浓度为37微克/立方米，比2019年下降7.5%，比2015年下降28.8%，全国空气质量明显改善。

京津冀及周边地区[①]空气质量仍为全国最差地区。在京津冀及周边地区、长三角地区、汾渭平原、成渝地区、长江中游、珠三角地区等重点区域以及省会城市和计划单列市共168个城市环境空气质量排名后20位的城市中，河北省有5市位列其中：石家庄（倒2）、唐山（倒4）、邯郸（倒5）、邢台（倒8）、保定（倒17）。京津冀及周边地区城市平均优良天数为63.5%，平均超标天数逾三成，比168个地级及以上城市平均

[①] 包括北京市、天津市，河北省石家庄、唐山、邯郸、邢台、保定、沧州、廊坊和衡水，山西省太原、阳泉、长治和晋城，山东省济南、淄博、济宁、德州、聊城、滨州和菏泽，河南省郑州、开封、安阳、鹤壁、新乡、焦作和濮阳，简称"2+26"城市。

优良天数比例低17.2个百分点,为长三角地区、汾渭平原重点监测区域中平均优良天数比例最低的区域。其中轻度污染天数比例约为26.0%,中度污染天数比例约为6.3%,重度污染天数比例约为3.3%,严重污染天数比例约为0.3%。

京津冀及周边地区六种污染物浓度指标均排在京津冀及周边地区、长三角地区、汾渭平原三大重点区域前列,说明京津冀地区大气污染最为严重。三大重点区域的首要污染物均为$PM_{2.5}$、O_3、PM_{10}和NO_2。2020年,京津冀及周边地区$PM_{2.5}$、PM_{10}浓度分别为51微克/立方米、87微克/立方米,分别超过国家二类区二级年平均标准16微克/立方米、17微克/立方米。O_3浓度为180微克/立方米,超过日最大8小时平均浓度20微克/立方米。NO_2浓度为35微克/立方米,低于年平均5微克/立方米。与2019年相比,污染物浓度均有较大幅度下降,反映出全国各地正在努力加大大气环境治理力度,并取得明显成效,但距离《环境空气质量标准》要求还有一定差距。

表1 2020年三大城市群大气污染物浓度对比(CO:mg/m³,其他μg/m³)

	$PM_{2.5}$	PM_{10}	SO_2	NO_2	O_3	CO
京津冀及周边地区	51	87	12	35	180	1.7
北京	38	56	4	29	174	1.3
长三角地区①	35	56	7	29	152	1.1
汾渭平原②	48	83	12	35	161	1.6

资料来源:《中国生态环境公报》(2020)。

---

① 包括上海市、江苏省、浙江省和安徽省。
② 包括山西省晋中、运城、临汾和吕梁,河南省洛阳和三门峡,陕西省西安、铜川、宝鸡、咸阳和渭南。

2. 水资源短缺

水资源短缺。从水资源总量看，2020年，京津冀地区水资源总量为185.4亿立方米，仅为全国水资源总量的0.59%。其中地表水占全国的0.24%，地下水占全国的1.85%。从人均水资源量看，京津冀地区人均水资源量低于全国的1/10，京津冀三地中最高的河北省人均水资源量为196.2立方米/人，远低于全国2239.8立方米/人的人均水资源量。从农业、生态、生活和工业用水比重看，京津冀地区用水量比重为121.2∶53.5∶50.8∶25.7。其中，农业用水量较大，占用水总量的48.25%，生态、生活用水非常接近，分别占用水总量的21.30%和20.22%，工业用水最低，占10.23%。京津冀水资源严重不足，实际用水缺口巨大。

主要水系仍有轻度污染。海河流域监测的161个水质断面中，劣Ⅴ类占0.6%，主要支流、徒骇马颊河水系和冀东沿海诸河水系为轻度污染。2020年，京津冀废水中主要污染物化学需氧量、氨氮排放量分别为148.4万吨、3.8万吨，分别占全国排放总量的5.79%、3.83%。白洋淀仍为轻度污染。

3. 其他生态环境问题

京津冀地区还存在耕地不断减少、过度开发等方面的生态问题。京津冀地区耕地面积由2013年的7210.7千公顷减少到2019年6457.3千公顷，其间一直保持负增长，占全国耕地比重由5.3%下降到5.1%。

二 河北担当生态"护城河"的成就与不足

经过多年的持续治理，河北省的生态环境有了明显改善，空气质量优良天数明显增多，水环境质量明显改善，森林覆盖率明显提高。但与全国及其他省份相比较，河北省生态环境仍较差，雾霾天气较多，Ⅰ—Ⅲ类水体比例较低，污染物排放量较大。

（一）纵向比较，河北省生态环境明显改善

近些年来，河北省在环境整治方面下了很大功夫，取得了显著成绩。2020年，全省生态环境状况指数为55.7，高于全国生态环境状况指数51.7，是自2006年开始生态评估工作以来，首次评估为良[①]等级。在全省11个设区市中，承秦保3市城市生态环境状况为良，其余8市为一般。承德市生态环境质量最好，生态环境状况指数为65.02。全省评为良的区域主要集中在太行山和燕山沿线，这些地区森林覆盖率较高，生物丰富多样，降水充沛，生态环境较好。

1. 空气质量明显改善

河北省空气质量优良天数明显增多。由2014年的172天上升到2020年的255天，地级及以上城市空气质量优良天数比率

---

① 依据《生态环境状况评价技术规范》（HJ192-2015）评价。生态环境状况指数≥75为优，植被覆盖度高，生物多样性丰富，生态系统稳定；55—75为良，植被覆盖度较高，生物多样性较丰富，适合人类生活；35—55为一般，植被覆盖度中等，生物多样性一般水平，较适合人类生活，但有不适合人类生活的制约因子出现；20—35为较差，植被覆盖较差，严重干旱少雨，物种较少，存在明显制约人类生活的因素；＜20为差，条件较恶劣，人类生活受到限制。

达到69.9%，高于天津3个百分点，为北京空气质量改善奠定了坚实的基础，北京空气质量优良天数比率达到75.4%，比上年提高近10个百分点，空气质量明显改善，并明显好于津冀。

河北省主要污染物浓度明显下降。$PM_{2.5}$平均浓度由2014年的91微克/立方米下降到2020年44.8微克/立方米，比天津低3微克/立方米。与2019年相比，2020年河北省6项大气主要污染物浓度同比均明显下降。$PM_{2.5}$和PM_{10}平均浓度分别下降10.8%和15.1%，二氧化硫平均浓度下降13.3%，二氧化氮平均浓度下降12.8%，一氧化碳平均浓度下降14.3%，臭氧平均浓度下降8.4%。

2. 水体污染防治成效明显

从国考74个地表水水质监测断面看，2020年，河北达到或好于Ⅲ类（优良）断面比例为66.2%，同比提高12.1个百分点，比年度目标高17.5个百分点。全部消除劣Ⅴ类断面，为全国劣Ⅴ类断面累计消除最多的省份。全省近岸海域国考点位海水水质优良比例为100%，水质优良面积比例为99%。

从全省实际监测的210个地表水国、省控断面看，达到或好于Ⅲ类的水质断面比例为65.24%，同比提高6.59个百分点。Ⅳ类水质断面比例为26.19%，同比提高3.59个百分点。Ⅴ类水质断面比例为6.19%，同比降低5.83个百分点。劣Ⅴ类水质断面比例为2.38%，同比降低4.35个百分点。

2020年，河北省固定污染源主要大气污染物排放强度为94，好于京津，分别比北京、天津低6和4.7。河北省固定污染源主要水污染物排放强度为88.5，好于京津，分别比北京、天津低12.7和10.8。

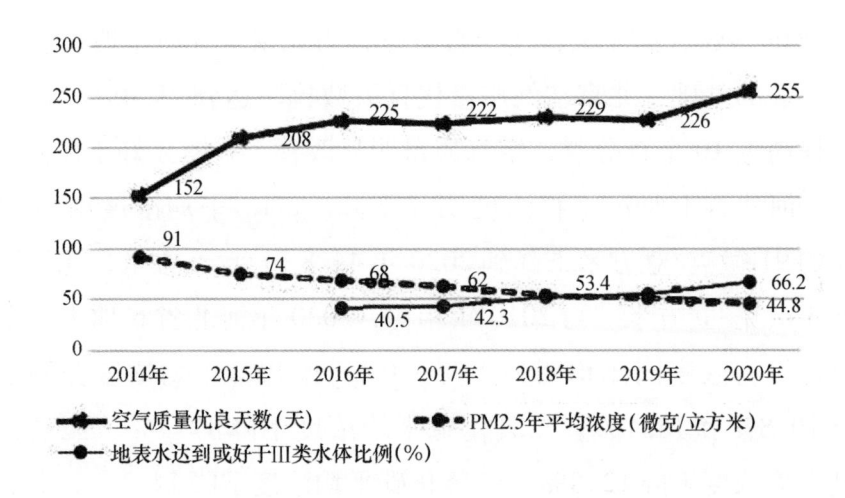

图 1　2014—2020 年空气和 2016—2020 年地表水质量

资料来源：河北省生态环境状况公报。

3. 其他方面

河北森林覆盖率明显提高，2020 年达到 26.78%，高于全国 3.82 个百分点，高于天津 14.71 个百分点，低于北京 16.99 个百分点。造林总面积 44.68 万公顷，仅少于内蒙古和湖南，其中 54.2% 为人工造林。建成区绿化覆盖率为 42.9%，高于全国 0.8 个百分点，高于天津 5.3 个百分点，低于北京 6.1 个百分点。

（二）横向比较，河北省生态环境仍存在较大差距

与其他地区相比较，京津冀仍是全国大气污染较为突出、雾霾最为严重的地区。京津冀地区各城市之间污染相互影响，已成为困扰京津冀区域的重要环境问题。河北省则是京津冀中生态环境较差的区域。

1. 空气质量仍需持续改善

河北省优良天数低于全国。2020年,河北省优良天数比率69.9%,低于全国337个地级及以上城市优良天数比率17.1个百分点,低于168个地级及以上城市平均优良天数比率10.8个百分点,重度污染及以上天数平均为11天。PM2.5平均浓度44.8微克/立方米,距离国家二级标准33微克/立方米,还差11.8微克/立方米。空气质量排名后20城市中,京津冀地区有5市,分别是石家庄、唐山、邯郸、邢台、保定。

首先,空气质量优良天数多于天津,少于北京。2020年,河北省全年平均优良天数为256天,比上年增加30天,张家口、承德两个设区市的优良天数分别为328天、322天,其余各设区市全年优良天数为205—297天。北京市空气质量达标天数为276天,达标天数比例为75.4%,比2015年增加90天。空气重污染天数为10天,比2015年减少36天。全年未出现严重污染日。天津市空气质量达标天数245天,同比增加26天,占比为66.9%;重污染天数11天,同比减少4天。在京津冀三地中,北京一直是空气质量最好的,河北省曾是三地中空气质量最差的地方,经过多年持续努力,空气质量优良天数增加的同时重污染天数减少,超过了天津。

表2　　　　2020年京津冀三省市空气质量级别天数

	达标天数	达标天数比例	重污染天数	重污染天数比例
北京	276	75.4	10	2.7
天津	245	67.1	11	3.0
河北	256	69.9	11	3.0

资料来源:2020年京津冀三地环境状况公报。

其次,大气主要污染物浓度较大。2020年,河北省大气主要污染物浓度高于北京,低于天津。河北省$PM_{2.5}$和PM_{10}年平均浓度分别为44.8微克/立方米和79.0微克/立方米,二氧化硫平均浓度为13.0微克/立方米,二氧化氮平均浓度34.0微克/立方。

2020年,北京市$PM_{2.5}$年平均浓度值为38微克/立方米,约占市域面积80%的8个区(包含密云、怀柔、延庆、门头沟、昌平、平谷、顺义、房山)率先达到国家二级标准,二氧化硫(SO_2)、二氧化氮(NO_2)和可吸入颗粒物(PM_{10})年平均浓度值分别为4微克/立方米、29微克/立方米和56微克/立方米,均达到国家二级标准。

2020年,天津市$PM_{2.5}$和PM_{10}年平均浓度分别为48微克/立方米和68微克/立方米,二氧化硫(SO_2)年平均浓度为8微克/立方米,二氧化氮(NO_2)年平均浓度为39微克/立方米,一氧化碳(CO)24小时平均浓度第95百分位数为1.7毫克/立方米,臭氧(O_3)日最大8小时平均浓度第90百分位数为190毫克/立方米。

最后,大气污染物排放量大。由于河北省较重的产业结构,对传统能源的依赖,造成大气污染物排放量较大。2020年,河北省二氧化硫、氮氧化物、颗粒物污染物排放量均排在全国各地区前列,分别为16.17万吨、76.97万吨、37.07万吨,排放量由大到小分别排第7位、第2位、第5位,远远高于京津,分别占全国比重为5.08%、6.51%、6.04%,对京津冀大气环境污染起着决定性作用。

表 3　　　　　　　2020 年京津冀大气主要污染物排放量

指标	北京		天津		河北		京津冀排放量（万吨）	全国排放量（万吨）	河北占全国比重（%）
	排放量（万吨）	排名	排放量（万吨）	排名	排放量（万吨）	排名			
二氧化硫	0.18	31	1.02	27	16.17	7	17.37	318.22	5.08
氮氧化物	8.67	28	11.70	27	76.97	2	97.33	1181.65	6.51
颗粒物	0.94	31	1.56	27	37.07	5	39.57	613.35	6.04

资料来源：中国统计年鉴（2021）。

2. 水污染防治仍需重视

根据河北省全省实际监测的 210 个地表水质断面数据，达到或好于Ⅲ类水质断面比例为 65.24%，低于全国地表水监测的 1937 个水质断面数据 18.16 个百分点。全国地级及以上城市地表水考核断面水环境质量排后 30 位城市中，河北省有两市位列其中：邢台市（倒3）、廊坊市（倒14）。京津冀三地地表水达到或好于Ⅲ类水体比例在全国 31 个省份中排最后三名，反映出京津冀地区地表水质量与其他地区还存在较大差距。

2021 年 1—12 月，国家地表水考核断面水环境质量状况排名后 30 位城市及所在水体包括了河北省邢台、沧州、廊坊 3 市 26 条河。邢台市有 5 条河排倒 5，包括卫运河、清凉江、滏东排河、滏阳河、牛尾河。沧州市有 12 条河排倒 9，包括南排河、子牙河、八团排干渠、北排水河、南运河、子牙新河、宣惠河、廖家洼河、沧浪渠、漳卫新河、石碑河、青静黄排水渠。廊坊市有 9 条河排倒 29，包括子牙河、沟河、龙河、北运河、大清河、永定河、潮白新河、潮白河、鲍邱（武）河。

3. 其他指标

化石能源的使用是造成污染的主要原因,目前京津冀地区仍以化石能源消费为主。2020 年非化石能源占能源消费总量比重,河北为 6%,北京为 10.9%,天津为 7.7%,转变成以非化石能源消费为主的能源消费结构还有很长的路要走。

表 4　　　2019—2020 年京津冀非化石能源消费占比和单位地区生产总值能耗

	单位	北京		天津		河北	
		2019 年	2020 年	2019 年	2020 年	2019 年	2020 年
单位地区生产总值能耗	吨标准煤/万元	0.250	0.227	0.6	0.582	0.954	0.930
非化石能源占能源消费总量比重	%	7.9	10.4	6.5	7.7	5.4	6

三　打造天蓝地绿水清的美丽河北

持续改善生态环境,需要提高站位,将京津冀作为一个整体进行生态系统建设,建立系统防控机制,充分考虑生态系统承载容量,保护物种多样性。持续调整河北省经济结构和能源消费结构,进行绿化建设,强化张家口首都水源涵养功能区和生态环境支撑区建设。

(一) 建立京津冀生态发展协同机制

京津冀协同发展国家战略实施 8 年以来,河北省在"三区一基地"建设等方面均取得了积极进展。在此背景下,将京津冀地区生态作为一个整体，建立系统完整的京津冀生态文明制度体系，消除各自为政、自管一片的格局，实现在顶层设计框架下，各地生态环境协同联动，共享信息，优势互补，共同治理，打造统一、完整的生态环境系统，势在必行。建立完善政策补偿机制，污染防治技术合作，引导产业转型升级技术项目指导对接。

1. 做好顶层设计，建立生态系统统一管理机制

做好京津冀生态系统一体化顶层设计。京津冀协同发展战略下，生态系统已无法分割，必须建立统一的生态系统管理体制，对区域间协同合作做出布局。京津冀三地地缘相接，地形均以平原为主，均属温带季风气候，降水、植被基本相同。因此，将京津冀作为一个完整的生态环境系统进行共建、共治，建立相应的协调合作机制，建立专门的生态分区子系统，同时建立严格的分级管理制度，形成常态化管理。对不同生态子系统，集中京津冀三地力量，充分发挥技术优势、财政优势，统一管理各类生态环境风险，评定等级，制定有针对性的可行治理方略，形成有效的三地协同治理机制。

2. 构建生态环境协同发展长效机制

生态环境一旦污染，再进行治理则需几十甚至上百年时间。英国伦敦、美国洛杉矶、日本四日市空气污染治理都花费了数十年时间。所以生态环境安全是一个长期问题，需要坚持不懈的努力。2014年APEC会议和2015年纪念抗战胜利阅兵两次蓝天案例，也让我们明白，京津冀联防联控，生态环境会有明显改善。因此，要解决京津冀地区的生态环境问题，必须打破各自为政的规划模式，实现本来就在一个盘子上的三个地

区整体治理，建立生态环境三地协同发展治理的长效机制，从整体上进行协同预防治理，生态环境问题终将根治。事实说明，三地联防联控一旦解除，生态环境问题会再次凸显，所以只有构建生态环境协同发展的长效机制，才是治本之策。

（二）走绿色发展之路

造成生态环境污染问题的主要原因是高耗能产业消费了大量煤炭、石油等化石能源，所以经济和能源结构优化是消除污染源的根本途径，而绿化是优化生态环境的正能量。

1. 调整经济结构

津冀产业结构重型化是构成污染严重的主要原因，产业结构转型升级和调整三次产业结构是可持续发展的唯一出路。京津冀地区不仅要优化三次产业结构，还要优化产业内部结构。北京市应结合首都战略定位，大力发展高端服务业、文化科教产业；天津、河北则应积极承接北京非首都功能的疏解，营造良好市场环境，大力发展第三产业、高新技术产业，实现生产性企业的优化升级。

其一，实施创新驱动战略，为经济转型和高质量发展赋予新动能。一是运用科技创新，对传统产业进行改造升级，提升传统产业智能化水平，提高生产效率和产品质量。现代企业、高校、科研院所产学研相结合，创新主体联动，催生新兴产业，形成新的增长点和增长极，实现创新驱动引领新兴产业蓬勃发展。二是建立完善科技创新体制机制，强化企业创新主体，创新政府资金支持，推动创新资源向重点产业集聚，灵活处理政府和市场关系，充分利用各资源要素实现关键技术突破，精准结合创新链和产业链，有效发挥创新供给能力。三是充分发挥京津冀协同发展平台作用，有效引进京津先进技术，激活区域内创新资源，释放科技成果红利，以工作机制联动、科技资源共享、创新平台共建，实现发展互利共赢。引进京津人才，为产业发展储备人才。四是以雄安新区为平台布局国际先进高端现代服务业，布局一批高端高新产业和战略性新兴产业，布局商贸物流等传统服务业现代化提升，形成产业转型升级新的增长极。

其二，加快推动现代产业融合，构建创新产业体系。一是以供给侧结构性改革为主线，谋划布局传统产业转型升级，通过技术创新改造，提升产业基础高级化、产业链现代化水平，拓展产业发展空间。二是加大数字经济、智能创造、万物联技术、新材料等新一轮工业革命技术研发，大力培育新兴技术产业，加快推进战略性新兴产业，形成经济发展新增长极。三是发挥河北生态环境多样优势，发展现代农业。建设发展现代农业园区，开发乡村旅游线路，发展康养、体育事业。依托大数据和互联网发展现代智慧农业。支持农业科技创新，培养高素质职业农民。

其三，大力改善营商环境，创造产业转型升级的温床。2020年，河北省营商便利度在全国排末位，需要大力改善营商环境，为先进产业提供生长的土壤，为经济实体提供公平、公正、透明、稳定、可预期的市场环境和完善有效的政策环境。减少行政分配和政府负向干预，为要素配置提供自由、高效的市场环境，是产业生长的阳光雨露。转变政府职能，为企业创新创业提供政策、金融、法律、人才等全方位服务，为经济新模式新业态持续健康发展保驾护航，做产业生长的护佑使者。

其四，大力发展现代农业。河北省是中国唯一兼有平原、山地、海滨、高原、丘陵、湖泊的省份。多样的地形造成多样的自然环境，为乡村建设和发展农村经济奠定了天然基础。一是大力发展现代特色农村农业经济，打造新型农村示范区。积极进行土地流转和集中，发展规模生产，发展适合乡村企业化经营的现代种养业、新型农业经营体、商品化种养殖等特色产业。建设特色小镇，打造特色产品产业链，推动美丽乡村建设，建设如馆陶县黄瓜小镇、粮画小镇等特色小镇，与乡村休闲旅游相结合，盘活历史文化资源，打磨经典旅游线路。二是始终重视就业。以优化就业结构为抓手推进新型城镇化与城乡统筹示范区建设。组织开展对农民工和失业人员的职业技能培训，使其胜任适应产业岗位要求，实现农村劳动力资源的优化配置。发展电子商务、智能出行、线上教育培训、网上医疗、在线娱乐等行业。三是提高城乡公共服务水平。政府要积极发挥主体作用，对公共服务发展进行统一规划、布局和引导，明确权责，有效考核监督，完善相应的保障体制，推动公共服务快速发展。统筹公共服务财政和社会资金，保证公共服务资金来源，并向公共服务薄弱的贫困地区倾斜，促进城乡、区域、人群间基本公共服务均等化。创新公共服务供给制，完善公共服务供给和购买制度。加强大数据和互联网等新兴技术在公共服务领域的应用。对接京津公共服务规划、政策，建立共建共享体制机制。

近年来，河北产业结构的优化大大降低了污染物排放量，使得大气、水资源污染和生态恶化得到遏制，生态环境质量不断提高，生态环境逐年改善。

2. 调整能源结构

走绿色发展之路不仅需要调整产业结构，还需调整能源结构。

其一，提高非化石能源生产和消耗比例。加大非化石能源开发投入，支持新能源、新技术。科学合理布局风能开发项目，提高储电技术水平，减少弃风电量，推动太阳能多元化利用，根据各地资源禀赋充分挖掘生物质能、地热能，加快氢能技术突破，推进氢能在交通、工业、建筑等领域规模化应用，减少化石能源的使用，从根本上消除因能源消耗带来的生态环境污染。

其二，提高传统能源的清洁高效利用。从传统能源生产抓起，绿色开发化石能源，加快实施煤油气开采技术提升。提高原煤洗选效率，提高煤矿瓦斯综合利用率。推广应用先进油气开采技术，提高油气采收效率和有效利用率。扩大"双代"领域，推动以煤为燃料的锅炉和炉窑使用清洁低碳能源或利用工厂余热、电厂热力等清洁能源替代。推进冬季清洁能源取暖工程。

其三，提高现代信息技术在能源开发中的利用。加快建设智慧能源基础设施，构建全息感知能源网。加强推广人工智能、云计算、区块链等现代信息技术在能源领域的应用，大力推动煤矿、油气田、电厂等能源生产领域智慧化升级，全面持续提高电网、天然气管网等输配设施智能化水平。逐步完善全省能源大数据中心服务功能，充分利用建设京津冀大数据综合试验区契机，推动与京津共同构建三地区域智慧能源平台。

3. 继续扩大绿化面积

绿化对生态安全有明显的促进作用。把燕山太行山区和张承坝上地区作为主战场，持续推进北方防沙带、雄安千年秀林、规模化林场建设和坝上休耕种草等重点工程，着力推进建设千松坝、塞北和御道口三个百万亩生态林场。合理调整生态用地规模，在大中型城市、白洋淀周边以及北京大兴国际机场周边等非耕地区域营造连片森林。加快推进城市绿化、乡村绿化。发展森林公园、郊野公园、湿地公园，提升村、宅、路、水"四旁"绿化和农田防护林水平，着力推进森林进城、森林环城、森林惠民。以海岸带、岛屿和近岸海域为重心，着力推进沿海防护林建设；选育抗盐渍化适生植被，提高海岸滩涂湿地植被覆盖率；推进近海基干林带和纵深防护林等建设。开展全省林木种质资源普查，掌握种质资源家底，扩大树木种类数量，建设河北省林草种质资源库，建立国家林草生态综合监测长效机制，准确掌握资源动态。

（三）推进首都"两区"建设

张家口是首都水源涵养功能区和生态环境支撑区。《张家口首都水源涵养功能区和生态环境支撑区建设规划（2019—2035年）》对张家口水源涵养功能提升和生态空间管控、增强林草湿地功能、矿山综合整治、改善环境质量、绿色产业优化、城乡融合绿色发展等方面均做出了中期目标规划。《河北省建设京津冀生态环境支撑区"十四五"规划》提出高起点建设张家口首都"两区"，明确增强水源涵养功能，提升生态系统服务功能，严控水资源消费总量。

加强生态空间管控，包括优化空间格局、构建"伞"型生态环境支撑格局2项任务。提升水源涵养功能包括提高涵水蓄水能力、推进节约集约用水、压减地下水超采量、实施多源增水4项任务。增强林草湿地系统功能，包括提升森林生态系统功能、加强草原生态系统建设、保护恢复湿地生态系统3项任务。实施矿山综合整治，包括加快矿山有序退出、加大综合治理力度、促进矿业绿色发展 3 项任务。改善提升环境质量，包括提升大气环境质量、提升水环境质量、提升土壤环境质量 3 项任务。扩大提升绿色产业发展，包括做强可再生能源产业、做精氢能产业、做大冰雪产业、做优大数据产业、发展无人机产业、培育发展特色服务业、做细绿色生态农业 7 项任务。推进城乡融合绿色发展，包括推进绿色城镇建设、加快美丽乡村建设、加快"空心村"治理 3 项任务。强化绿色发展基础支撑，包括完善交通基础设施、畅通绿色能源输送通道、建设通信基础设施、提高公共服务保障能力 4 项任务。

（四）充分考虑生态环境的承载容量

京津冀地区用占全国 2.3% 的土地面积养活全国 8.1% 的人口。常住人口密度为 523.4 人/平方公里，是全国人口密度的 3.59 倍。这对该地区的生态环境产生了巨大压力，京津冀地区水、耕地、森林等自然资源相对并不丰富。在这种情况下，就必须严格掌控生态红线，明确划定这些自然资源的消耗上限，指定用水指标，改良土壤环境，强化水土保持，树立水、大气、土壤环境质量不能再恶化的底线思维，实现能源消耗强度和消耗总量"双控"。在此基础上，制定京津冀地区整体生态环境规划，作为生态环境保护的重要依据。

不断提高资源节约利用水平。实施水资源管理制度，充分利用水资源，持续提高全社会用水效率，能源消费总量得到有效管控，能源利用效率和非化石能源消费占比不断提高，增强能源保障能力。严格实施耕地占补平衡、占优补优，切实遏制耕地面积不断减少，推动高质量农业经济和京津"菜篮子"工程建设。

(五) 保护、提高生物多样性

生态系统中生物品种越多，生态系统就越稳定，自愈能力和抵抗风险的能力就越强，相反，生态环境就越脆弱。尤其是拥有多样化植物的生态系统，更具稳定性，更能抵御生态环境的恶化，为生态安全奠定坚实的基础，还可在生态环境建设中起到不可忽视的作用。

首先加强生物多样性调查，建立生物多样性监测统计。联合科研院所及动植物相关机构，开展生物多样性研究检测，开展动植物、微生物、水生生物等物种调查、整理、编目工作，建立相关数据库和动态监测系统。对当地各种生物进行习性、繁殖、培育等研究，有计划有步骤地进行保护，优化生物多样茁壮成长环境，在维持现有物种基础上，提高生物生长质量，增加生物品种。

其次加强生物多样性保护。坚持以就地保护为主要方式，异地保护为辅。增设自然保护区，扩大自然保护区面积，建立自然保护区管理质量评估系统，提高管理质量。利用现代信息技术，对濒危生物进行定位跟踪，实施救助保护。严控外来物种的入侵，做好已入侵物种的管理和对现有物种的侵害治理工作。加强转基因物种的管理。

最后创造生物多样性环境。增加自然保护区的生物多样性，提升水域陆地的保育功能，使其适宜珍稀动植物驻留繁殖。种植多品种的林草场地，调整林业结构，优化树种结构。与京冀生态水源保护林重点生态工程相结合，进行植树造林，营造乔灌草结合的复层水源涵养林。

四　做好碳排放管理

工业革命带来大量温室气体，造成地球自然温室效应愈演愈烈，极端天气明显增多，物种减少，自然灾害频发，对人类社会发展提出巨大挑战，碳达峰、碳中和提上日程。我国也明确提出碳达峰和碳中和目标，即力争于2030年前碳达峰，再用30年，努力争取在2060年前实现碳中和，为全球平均气温较工业化前水平升高幅度控制在2℃之内贡献中国力量。作为能源消耗大省，河北应尽早尽力做好碳排放管理。

（一）做好温室气体监测管理

做好温室气体排放规划。摸清碳排放基本情况，从碳排放成因相关方面着手，测算碳排放总量及增量，测算单位地区生产总值二氧化碳排放量，持续监测，对河北省碳达峰、碳中和做出规划，确定目标和具体措施，明确各相关领域碳排放达峰进程，为全国碳排放达峰做出河北贡献。《河北省生态环境保护"十四五"规划》明确了要做好碳达峰开篇布局。到2025年，二氧化碳排放量和单位地区生产总值能源消耗达到国家要求，控制温室气体排放，钢铁、水泥行业争取在2025年前实现碳达峰。加速实施钢铁、煤电、石油化工、煤化工等行业全流程二氧化碳减排示范工程。到2025年，营运车辆和船舶单位运输周转量二氧化碳排放强度比2020年分别下降4%和3.5%。

做好温室气体监测。设立温室气体监测采集点，对二氧化碳（CO_2）、甲烷（CH_4）、氧化亚氮（N_2O）、氢氟碳化物

（HFCs）、全氟化碳（PFCs）和六氟化硫（SF_6）等温室气体进行定点定期监测，积累历史资料，发现温室气体含量和大气温度及气候间关系，做出相应研究和判断。

推进重点区域、行业和企业碳达峰先行先试。制定碳达峰实施方案，在唐山、石家庄等地方和重点行业制定碳达峰时间表、路线图、行动方案和配套措施，推进钢铁、电力等重点行业尽早达峰。以环京津区域为重点，鼓励有条件地方率先达峰。选定重点企业制定碳达峰实施方案，推动开展企业碳排放对标活动，加大对企业低碳技术创新的支持力度，实现碳达峰。

（二）构建低碳产业体系

扭转碳排放先冲高再达峰下降的想法和意图，不能再走先粗放发展再行治理的老路。为此，严控立项进入关，建立落后产业退出保障机制，大力发展现代工农业，将碳排放与污染防治进行协同发展。

将企业项目进入退出机制纳入高碳产业管理。严控新建高耗能、高排放项目，加强高碳产业布局规划和监管，落实煤炭总量控制，严格环评要求。制定高碳产能退出相关政策，做好退出援助，促进企业从高碳产业及时退出。

构建低碳新产业体系。将数字化、智能化等先进机制引入构建低碳产业体系，有效减少碳排放。构建现代低碳工业体系，对于钢铁、电力、石化等工业生产过程的碳排放，要进行突破性技术应用，比如，用氢作为燃料，取代焦炭实现炼钢碳零排放，减少配料生产过程中的碳排放，使用新型煤气化工艺减少煤化工生产过程的碳排放等。构建现代低碳农业体系，运用旱地耕作技术减少氧化亚氮排放，使用农田土壤和草地固碳技术等加强农业精细化管理，减少农业温室气体排放，发挥智慧农业和数字农业减排作用。

将碳排放与污染治理进行协同防控。碳排放和造成大气污染的主要原因都是以化石能源消费为主的能源消费结构，所以将两方面协同治理，将碳减排政策与已建立的大气污染等环境治理相关政策协同实施，降低成本，提高综合治理效益。

（三）加强合作

加强与京津合作，引进京津绿色低碳、节能环保和可再生能源先进技术，如地球工程、CCUS 等。在基础科学、重大工程、信息交流、政策协调等方面进行合作交流。京津冀地区应大力发展和推广 CDM（清洁发展机制）项目，在引进国外先进低碳技术和项目的同时又要进行自身自主研发，实施相关政策和税收等保障措施，对于核心技术等关键开发项目给予优惠政策。

（四）广泛宣传提高节能减碳意识

人口因素也是影响碳排放的重要因素。我国开放"三胎政策"，应对"老龄化"措施实施，京津冀协同发展国家战略实施，都会拉动京津冀地区总人口持续增加，有必要降低人均碳排放。为此，可采用电视、报纸、互联网等开展多种多样的"节能低碳"活动，广泛宣传，提高居民的节能环保和低碳生活意识，养成低碳生活习惯；提高企业绿色低碳生产自觉性，自主转变生产方式，自觉加入到节能减碳中来。

第七章

加强首都"护城河"治理的协作

拱卫首都安全是一项复杂系统的重大工程,河北除了承担其应尽职责之外,还要主动积极地联合周边兄弟省份,建立智慧平台、健全合作机制、共享安全数据,共享发展红利与安全红利。根据共享理念,设计一种新的"共享型护城河"治理模式。该模式的特点为:多主体多渠道协同治理。双向多边互动合作。建立政治经济文化技术多层次治理平台。

一 首都"护城河"治理的京冀合作

河北省环抱着北京,保定、廊坊、承德、张家口4个市的14个县(市、区)58个乡镇、195个行政村与北京的9个区县接边。两地接边地界长达680多公里,河北有111条可通机动车的进京通道。河北的稳定直接关系着首都的稳定。北京是祖国的心脏,河北是保护心脏的胸膛,有责任把各种不安全因素拦截在京外。

1995年1月5日①,河北省司法厅与北京市司法局在保定

---

① 参见马竞《河北:合力构筑护城河维护首都稳定》,《今日信息报》2007年10月12日。

涿州市召开京冀接边地区人民调解工作座谈会，会上双方联合制定下发了《关于加强京冀接边地区调解工作的指导意见》，"护城河"工程自这一天正式启动。这一阶段的工作主要限于联合预防和化解矛盾纠纷，一大批疑难跨界纠纷得到了妥善调处。1995年7月19日，河北省在北戴河召开了全省护城河工程汇报会，总结接边县区护城河工程的做法和经验，并推向全省。1996年10月24日，京冀两地在北京举行"京冀社会治安综合治理协作签约仪式"，签订的《协作协议书》包括6个方面的协作内容：重大活动联合行动；治安防范和纠纷调解协作；建立打击和控制犯罪网络；加强经济司法协作；建立互通情况制度；积极开展社会治安综合治理、法学理论研究、科学技术等交流活动。同年，"护城河"工程的主体逐渐由司法行政部门提升为各级党委政府，"护城河"工程的内容也发生了一定变化：从过去主要抓矛盾纠纷，拓展到全面抓好打防教管建改等方面的综合治理工作。从过去主要抓跨界纠纷的排查治理，拓展到治安联防、破案追逃、打击流窜犯罪、重大活动联合行动、司法协作和扫黄打非等维护稳定工作的方方面面。工作范围由两地接边的23个县区向广大腹地和其他接边地区延展；工作方式更加制度化、规范化。1997年1月，中央办公厅转发了司法部、河北省委、北京市委《关于实施护城河工程维护首都稳定的基本情况》的报告，向全国推广了这一做法和经验。

1997年1月15日，司法部、北京市、河北省在河北廊坊市召开"护城河"工程座谈会，会议认为，"护城河"工程已经成为一项社会治安综合治理的系统工程，京冀双方决定把"护城河"工程提到战略的高度，纳入维护稳定的整体工作部署，列入社会治理综合治理考核目标，党政领导亲自组织实施。

进入新时代之后,"护城河"治理中的京冀合作有两个战略支点。分别是京津冀协同发展战略、雄安新区千年大计。2014年2月26日,习近平总书记强调实现京津冀协同发展,是面向未来打造新的首都经济圈、推进区域发展体制机制创新的需要,是探索完善城市群布局和形态、为优化开发区域发展提供示范和样板的需要,是探索生态文明建设有效路径、促进人口经济资源环境相协调的需要,是实现京津冀优势互补、促进环渤海经济发展、带动北方腹地发展的需要,是一个重大国家战略。[①] 由此,京津冀协同发展上升为国家战略。

2018年11月,中共中央、国务院要求以疏解北京非首都功能为"牛鼻子"推动京津冀协同发展,调整区域经济结构和空间结构,推动河北雄安新区和北京城市副中心建设,探索超大城市、特大城市等人口经济密集地区有序疏解功能、有效治理大城市病的优化开发模式。雄安新区的设立拉开了首都发展的新阶段,也开启了河北发展的新格局,为河北当好首都"护城河"提供了新的历史机遇。

二 首都"护城河"治理的省际协作

"护城河"工程,是1996年以来北京市与周边各兄弟省区市围绕首都安全稳定建立的地区间联防、联控、联调、联打的工作模式和工作机制,在维护首都地区稳定工作中发挥了多方面的综合效益和重要作用,也即北京、天津、河北、内蒙古、

---

① 《优势互补互利共赢扎实推进 努力实现京津冀一体化发展》,《光明日报》2014年2月28日。

辽宁、山西、山东七省区市启动的保卫首都的安保工程。

(一) 环京"护城河"工程的三道防线

第一道防线以环京区域为重点,以环京"护城河"工程为中心,以社会治安综合治理工作为支撑,全面加强对进京路口、重要设施、重点部位的安全保卫,加强对人、事、物、地四个方面的依法管理,加强对违法犯罪行为的严厉打击,加强对矛盾纠纷、稳定隐患的源头控制。

第二道防线以河北距京较远的地市为重点,严密防控可能影响首都安全的人、事、物,一旦出现威胁首都社会政治稳定的问题,运用足够的管控能力和回旋空间就地解决在河北,构筑"护城河"工程战略纵深地带。

第三道防线以河北省与天津、内蒙古、山西、河南、山东、辽宁6省(市)3900公里环省界为重点,实现远程控制,把好门户,力争隐患消除在省界。

这三道防线与首都经济圈的内圈、中圈、外圈的范围基本一致。目前,投资1.2亿元的"护城河"第一道防线建设已完成并投入使用,第二道、第三道防线建设正不断完善,形成了"四环三线"的严密立体护卫网。

保卫首都安全的责任主要有:检查进京车辆,劝返无证、盗抢、带病车辆,检查进京人员,抓获各类犯罪嫌疑人,收缴管制刀具等违禁品,等等。

七省区也曾做过一些工作,比如《新中国成立60周年国庆安保工作护城河工程工作协议》协商决定:七省区市共同开辟联络沟通渠道,设立24小时联络热线,及时通报情况信息;实施进出京道口安全检查,坚决将各类不安全因素挡在京门之外，启动矛盾纠纷联动处置机制，将矛盾纠纷解决在当地；建立省区市间警务协作，有效遏制跨区域犯罪；落实流动人口服务管理措施，实现对可能危及国庆安全的人员的有效掌控；加大危险物品监管检查和涉危案件的查处力度，严防危险物品流入北京；加大公共安全管理力度，确保公共危机事件得到迅速处置。但是，这种合作距离现实发展的需要，距离首都安全的需要，还是有提升空间的。

（二）天津市把筑牢首都政治护城河当作战略工程

2020年11月，中国共产党天津市第十一届委员会第九次会议通过的《中共天津市委关于制定天津市国民经济和社会发展第十四个五年规划和二〇三五年远景目标的建议》中，明确指出，推进社会高效能治理，建设更高水平的平安天津。天津作为京畿重地、首都门户，以天津之稳保卫首都安全，以天津创新发展服务国家发展是天津政治之责、为政之要。在全面建设社会主义现代化大都市新征程中，要充分学习领会党中央和天津市委的战略部署，坚决扛起政治责任，结合新发展阶段客观实际，聚焦重点，抓纲带目，统筹推进筑牢首都政治"护城河"的战略工程。

天津把推进首都政治"护城河"建设当作天津践行总国家安全观的题中之意，当作天津维护政治安全的核心任务。政治安全是指国家主权、政权、政治制度、政治秩序及意识形态等方面免受威胁、侵犯、颠覆、破坏的客观状态，以政治安全为根本就是要巩固中国共产党的执政地位，坚持和发展中国特色社会主义，坚决捍卫中国特色社会主义道路、理论体系和制度。天津作为首都门户，必然要始终如一地将维护政治安全作为核心任务，从维护政治安全的高度谋划和推进国家安全工作，以坚决维护主权独立和领土完整为基础、以坚决维护政权安全和制度安全为核心、以坚决维护国家政治秩序稳定和主流意识形态巩固为主要任务。

统筹推进首都政治"护城河"建设，是天津贯彻执行党的绝对领导原则的根本举措。天津推进首都政治"护城河"建设就是将平安天津建设主动纳入平安中国建设的战略布局之中，坚决贯彻党对国家安全工作绝对领导的原则，坚决服从党中央的国家安全战略发展规划，以更高的政治站位防范化解重大风险，以更高政治自觉营造安全稳定的发展环境，服务于全国安全大局。

统筹推进首都政治"护城河"建设，是天津增强国家安全能力的最好路径。国家安全能力是一种系统能力，是以总体国家安全观为指导，以国家安全制度体系为基础的总体安全能力，要体现在维护国家安全的实践中，落实到防范化解重大风险的效果中，总体国家安全观对新发展阶段的国家安全能力建设提出了新的标准和要求。天津将推进首都政治"护城河"建设纳入天津市国民经济和社会发展第十四个五年规划和二〇三五年远景目标，就是按照总体国家安全观的指导，从加强国家安全体制机制和法制建设、加强统筹协调、提高综合施策的体系化作战能力等方面进行系统谋划，全面提升国家安全保障能力。

（三）山西省强调"扛起首都'护城河'政治责任"

2009年9月15日，包括山西在内的环北京周边6省市全面启动环京"护城河"行动。山西公安厅厅长对山西"护城河"行动进行部署：山西省公安机关在"护城河"行动中将全面加强管控，加强对易爆等危险物品的监管，强化对重点要害部位、重要基础设施的安全守护，强化全面巡逻防控，强化道路交通安全管理，强化环京治安检查，强化消防安全管理，强化大型活动安全保卫，强化禁毒工作措施等。并且，对物流、寄递等运输服务单位将加强治安管理。山西省23个公安检查站要全面启动各项查控措施，查处各类危险人员、车辆、物品。

2009年10月，山西省委书记在看望坚守岗位的安保工作人员时强调，要全力把国庆安保工作抓实落细，确保民众过一个欢乐祥和的节日，为首都国庆各项活动当好"护城河"，并指出国庆安保是首要政治任务，公安民警要发扬连续作战的作风，严格落实安保工作责任制，及时应对、有效处置各种突发情况和紧急事件，扎实做好国庆安保工作。同时，指示山西电力公司，要保证国庆期间输电线路安全和向北京提供可行电力保障，要加强电网调度运行管理和设备运行维护，做好应急处置准备，确保万无一失。

2018年10月20日，山西再次强调要与京津冀地区加强协作实现联动。2019年2月16日，山西省委举办省管主要领导干部专题研讨班，深入学习贯彻习近平总书记在省部级主要领导干部坚持底线思维着力防范化解重大风险专题研讨班上的重要讲话精神，省委书记强调，要深刻领会习近平总书记重要讲话精神，切实增强防范化解重大风险的责任感紧迫感，下先手棋，打主动仗，坚决打好防范化解重大风险攻坚战，为两转基础上全面拓展新局面、当好首都"护城河"提供坚强保障。

2020年3月31日，山西太原市在疫情防控中，提出要坚决扛起首都护城河的政治责任，科学规范管理，精准周到服务，全力做好国际航班经停太原入境人员服务保障工作。

2021年1月4日通过的《中共山西省委关于制定国民经济和社会发展第十四个五年规划和二〇三五年远景目标的建议》中明确表明山西发展的战略定位之一就是：实施拱卫首都安全"护城河"工程，建成拱卫京畿的"铜墙铁壁"，以山西一域之安全为首都安全尽责任，以山西一域之稳定为全国大局稳定作贡献。

2021年3月31日，山西表态，坚决扛起当好首都"护城河"政治责任，在打赢"京晋保卫战"中体现太原担当，贡献太原力量。在抗击新冠肺炎疫情中，坚持强化组织领导、规范工作流程、加强力量储备、突出人文关怀，打一场漂亮的疫情防控战。

2021年山西公务员遴选面试题目都涉及山西的护城河职责。题目是这样的：山西作为首都"护城河"，安全生产大于天，如果让你组织一次安全生产会议，怎么组织？参考答案是：山西省委十二届二次全会暨省委经济工作会议中讲到：深入打好蓝天、碧水、净土保卫战，坚决守好华北"水塔"、筑牢京津冀绿色生态屏障。要扎实做好常态化疫情防控，毫不放松抓好煤矿、矿山、危险化学品、道路交通、燃气等领域安全生产，坚决守住不发生系统性区域性金融风险底线，集中力量打好灾后恢复重建攻坚战，全面强化社会治安管控，当好首都护城河。可见，山西省对于公务人员的基本要求之一就是要明确山西当好首都"护城河"这一职责。

（四）内蒙古和山东的做法

内蒙古强调守好祖国北大门，筑牢首都"护城河"。2013

年 5 月 14 日，题为《发挥首都护城河作用 建设平安和谐赤峰》的文章发表在《赤峰日报》，提出赤峰素有北京"北大门"之称，是首都护城河的重要节点，也是内蒙古自治区建设祖国北疆安全稳定屏障的重要组成部分。① 2020 年 10 月 26—29 日，乌兰察布市以《筑牢首都桥头堡，守好环京护城河》为题发布信息。在新冠肺炎疫情期间，内蒙古更是强调"拱卫首都'护城河'，站好北疆第一岗"。内蒙古是祖国北疆安全的屏障，民族问题、生态问题、社会治理问题、边疆问题，可以说都是与首都安全紧密相关的。

山东强调筑牢"护城河"，守好"南大门"。山东从地理位置上讲，是首都北京的南大门，尤其是德州，地处鲁冀交界，是进出北京的重要通道，因此更需要筑牢安全屏障。

三　河北要在首都"护城河"治理中发挥独特而重要作用

天津、山西、内蒙古等首都周边省份都在提首都"护城河"工程、政治"护城河"的概念，而河北由于其独特的地理位置及传统的历史文化特征，在首都"护城河"治理中承担着重要职责，所以，可以率先发力，推动并加强与周边省份的合作，推进首都政治"护城河"工程的共建共治、协作共享。

（一）与周边省市建立协作共享机制，共同拱卫首都安全

加强与周边各省份协作治理。建立共同治理护城河的统一平台。首都地区共同治理不能仅仅停留在理念上，必须形成一

---

① 参见《发首都护河作用 建设平安和谐赤峰》，《赤峰日报》2013 的 5 月 14 日。

定的机制，从软件和硬件两个方面加强首都地区安全共同治理的设计。比如，建立"护城河"综合治理机制、信息共享机制、应急联动机制、资源共享机制、人才共享机制、生态环境共享机制等。建立护城河服务基金，确保各参与方共享安全红利，以推进首都安全持续发展。

与周边省份采取联合行动。加强省际边界区域治理，实现首都"护城河"治理的省际间无缝对接。与"护城河"周边省份共同打击首都周边地区的违法犯罪行为，积极防范不稳定、不安全因素流入首都。

（二）发挥河北独特优势，整合首都护城河力量

河北省可以倡导成立"护城河"治理研究会。定期召开会议，创办《首都护城河》杂志，进行"护城河治理"方面的经验交流，就"护城河治理"制定合作规划，进行实践经验交流与深层次学术探讨。

把共治共享机制引入首都"护城河"治理。原来的"护城河"工程单纯依赖政府，忽视了"护城河"的共治共享，忽视市场决定性作用和社会力量的参与，不利于"护城河"功能的良性发挥，不利于首都持久平安稳定。

引入市场机制。在首都安全问题上，要把发挥好市场的决定性作用与更好地发挥政府作用结合起来，坚持两条腿走路。政府一方面要努力提供公共产品，另一方面也要为服务首都安全的生产企业、服务企业创造发展条件。发展安全业态，促进安全产业化，确保首都稳定与经济发展互相促进。比如，探索实行安全服务外包；建立首都重大安全问题的预测、咨询机构，准确把脉首都"护城河"安全。

充分发挥社会力量在河北安全、首都安全治理中的作用。加强环境保护组织、律师协会等社会组织中的党建工作，加强党对社会组织的领导，进行人才培训，提供资金支持，加强法律规制，提供保障服务，发挥社会组织在首都"护城河"治理中的主力军作用。加强网络安全治理，建立健全网络社区自治组织，充分重视网络在突发事件中的应对作用。

把首都"护城河"治理的共享机制纳入法治轨道。推进信访法治化、矛盾化解法治化、区域合作法治化等，使首都"护城河"治理由单纯的行政行为转变为制度化的法治行为，确保首都"护城河"系统良性运转，形成更高质量的首都安全，推动"护城河"治理上升到更高水平。

（三）争取把首都政治"护城河"治理上升为国家安全战略

首都安全关系到国家政局稳定，关系到国家安全，意义重大。京津冀世界级大城市群、都市圈建设，在国家政治经济发展中占有举足轻重的地位，首都又是京津冀协同发展战略的核心区域，首都安全的意义更加凸显，因此，有必要把区域性安全问题上升到国家安全和国家治理层面。力争把提供首都安全稳定这一公共产品的成本纳入中央财政预算。以前的首都维稳主要是地方财政，要争取提高中央财政的出资比例，在中央统筹之下，开展工作。加强首都"护城河"治理的顶层设计。启动"护城河"治理的区域立法和区域规划。从首都安全着眼，进行立法调研、起草；制定"护城河"治理的五年规划、十年规划。建立"护城河"治理常设机构。使首都"护城河"由单纯的危机处理临时性机构转变为进行安全防范、社会治理、社会服务的日常性机构。

（四）发挥河北省会石家庄市在护城河中的重要作用

2021年，河北省委、省政府出台《关于大力支持省会建设和高质量发展的意见》，确立了省会发展的新坐标、新定位，自此石家庄站在了新的历史起点上。石家庄是首都都市圈的重要节点城市，是除北京、天津之外的次中心城市。其未来5年的发展目标：地区生产总值保持两位数增长，在全国城市中位次每年前移1—2位，到2025年力争综合经济实力进入前30名，打造5个以上千亿级产业集群，现代产业体系基本形成，经济总量过万亿元；拥河发展战略扎实推进，一主、四辅、一带、多点的城市空间格局基本形成。建设现代化、国际化美丽省会城市，是省委、省政府赋予石家庄的重大使命，也是全市1100多万人民的热切期盼。

因为，多年来，石家庄虽然是省会城市，但是，论经济实力不如唐山，论历史底蕴不如张家口、承德、保定、沧州、邯郸，论生态环境不如张家口、承德、秦皇岛，因此，作为一个省会城市，石家庄存在感比较低，被认为是所有省会城市中最尴尬的一个。目前，打造现代化、国际化、美丽省会石家庄的提法就是要解决石家庄发展中的痛点问题。现代化讲的是经济方面的发展要求。国际化主要指的是思想文化方面的发展要求，就是指要在思想观念上与国际接轨，北京无疑是国际化大都市，石家庄作为首都城市圈内的一个重要节点城市，也应该是一个国际化大城市，应该是一个国际化省会城市。美丽主要指的是生态方面的发展要求。只有这样的发展格局，才有助于更好地承接北京的非首都功能。

参考文献

著作类

《习近平谈治国理政》（第一卷），外文出版社2018年版。
《习近平谈治国理政》（第二卷），外文出版社2017年版。
《习近平谈治国理政》（第三卷），外文出版社2020年版。
《习近平关于网络强国论述摘编》，中央文献出版社2021年版。
段世江：《燕山—太行山连片特困区：现实困境与突破路径》，人民出版社2019年版。
樊如森：《天津与北方经济现代化》，东方出版中心2007年版。
复旦大学历史地理研究中心：《港口—腹地和中国现代化进程》，齐鲁书社2005年版。
刘洋：《区域协调发展论》，中国市场出版社2016年版。
孙久文等：《区域经济前沿：区域协调发展的理论与实践》，中国人民大学出版社2020年版。
王玲：《北京与周围城市关系史》，北京燕山出版社2014年版。
武义青、张云：《环首都绿色经济圈：理念、前景与路径》，中国社会科学出版社2011年版。
肖金成等：《打造中心城市》，中国水利水电出版社2004年版。
张博辉、吴海峰：《协同发展的逻辑——先行示范区及其周边城市群协同发展实证解析》，中国金融出版社 2021 年版。

论文类

习近平：《扎实推进共同富裕》，《求是》2021 年第 10 期。

安娜：《北京绘就 80 万人口超大社区基层社会治理蓝图》，《中国社会报》2021 年 9 月 24 日。

高文兴：《北京社会治理精细化走向深入》，《公益时报》2021 年 7 月 20 日。

李明伟、索殿杰：《党建引领"两新"组织参与北京社会治理：功能与路径》，《新视野》2022 年第 1 期。

刘少杰：《积极优化区域发展的社会基础》，《社会学评论》2021 年第 9 期。

王春燕：《社会学视野下的共同富裕理论与战略》，《社科院专刊》2021 年第 10 期。

王国斌：《十八大以来中国共产党社会治理思想：生成逻辑、理论要点与时代价值》，《中共中央党校（国家行政学院）学报》2022 年第 4 期。

夏锦文、李炳烁：《长三角区域社会治理现代化及其法治保障》，《法治现代化研究》2021 年第 8 期。

辛向阳：《习近平的共同富裕观》，《新疆社会科学》2022 年第 1 期。

后　记

作为一个中国人，关心首都安全；作为一个河北人，研究首都"护城河"、河北发展这个课题，可以说是分内之事。

自己通过对这个课题的研究，感觉有三个方面的观点需要在这里再次强调：其一，要更加深刻地认识首都安全的重要性。甚至可以说，没有首都安全就没有国家安全。其二，以弱护强，以落后护先进，那首都"护城河"只会成为口号。打铁还须自身硬，首都"护城河"治理首先要立基于河北自身的发展、壮大、美丽。当好首都"护城河"，不应当成为影响、阻碍河北发展的障碍与借口，而应当成为河北加速发展的助推器。在共同富裕成为时代发展主题的今天，首都"护城河"不只是河北单方面的付出与行动，而应当以共建、共治、共享的理念为指导，打造环首都共同富裕圈，在实现首都与环首都周边地区共同富裕的基础之上，才可能更好地守护首都的持久安全与繁荣，共享首都地区发展与安全的红利。其三，呼吁北京与河北合作共赢，北京要拉上一把，河北要迎头赶上。把首都安全治理，由单纯的河北护卫变为京冀共建共治、共享共赢，才能更好地保持首都高质量、持久地平安繁荣。在分析北京与天津、保定、张家口、承德、秦皇岛、唐山等周边城市关系时，王玲提出"北京历史上有个首都圈，圈上的城市都与北京有久远的历史渊源，它们各有各的特点，各有各的光辉，从不同角度衬托、辅助过北京，才使北京这个中心城市成为一颗最明亮的星。北京与这一圈城市是共存、共长的有机整体，彼此存在着内在的血肉联系和发展规律"，"历史上的首都圈仍然有很大潜力，北京仍然需要这些兄弟城市来帮助。当然，北京作为这些城市的老大哥，首先要伸出援手，多为兄弟们考虑"。这些观点对于研究北京与河北关系有很大的启发。

提起河北，人们都说，没有特点就是河北的最大特点，其实反映了河北的包容与无奈。此次写作的过程，也是我认真学习、研究河北省情、学习习近平总书记对河北重要指示、研究河北省委省政府关于河北发展战略的过程。魏先法是课题组成员，但由于他自己正在承担着国家课题，所以没有参与本课题的写作任务，但是他为本课题提供了许多宝贵的思路；夏玉森、刘兆丰为本课题提供了许多宝贵资料，在此表示感谢。由于本书引用的资料比较多，一些文字引文出处若有遗漏之处在此致谢并致歉。